JOUETS
EN MÉTAL

THE GREAT BEAR

JOUETS EN MÉTAL

CONSTANCE KING

Books & Co.

Pour l'édition française
Réalisation : LES COURS-Caen/Christian Pessey
avec la collaboration de Vanessa Morand, Dominique Busillet (traduction),
Anne Gaubert, Alain Neuville (PAO),
Anne Laurence, Valérie Schmitt (secrétariat d'édition)

ISBN 2-84584-035-7

Achevé d'imprimer en Janvier 2001
sur les presses de l'imprimerie
Star Standard Industries (Pte) Ltd.
à Singapour
Dépôt légal : 1er trimestre 2001

SOMMAIRE

INTRODUCTION 6

LES AUTOMATES 12

LES JOUETS EN MÉTAL 44

LES MODÈLES RÉDUITS DE TRAINS 82

LES PETITS SOLDATS 100

LES JOUETS EN TÔLE 114

PRINCIPAUX PRODUCTEURS DE JOUETS EN MÉTAL ET D'AUTOMATES 124

INDEX 126

REMERCIEMENTS 128

Introduction

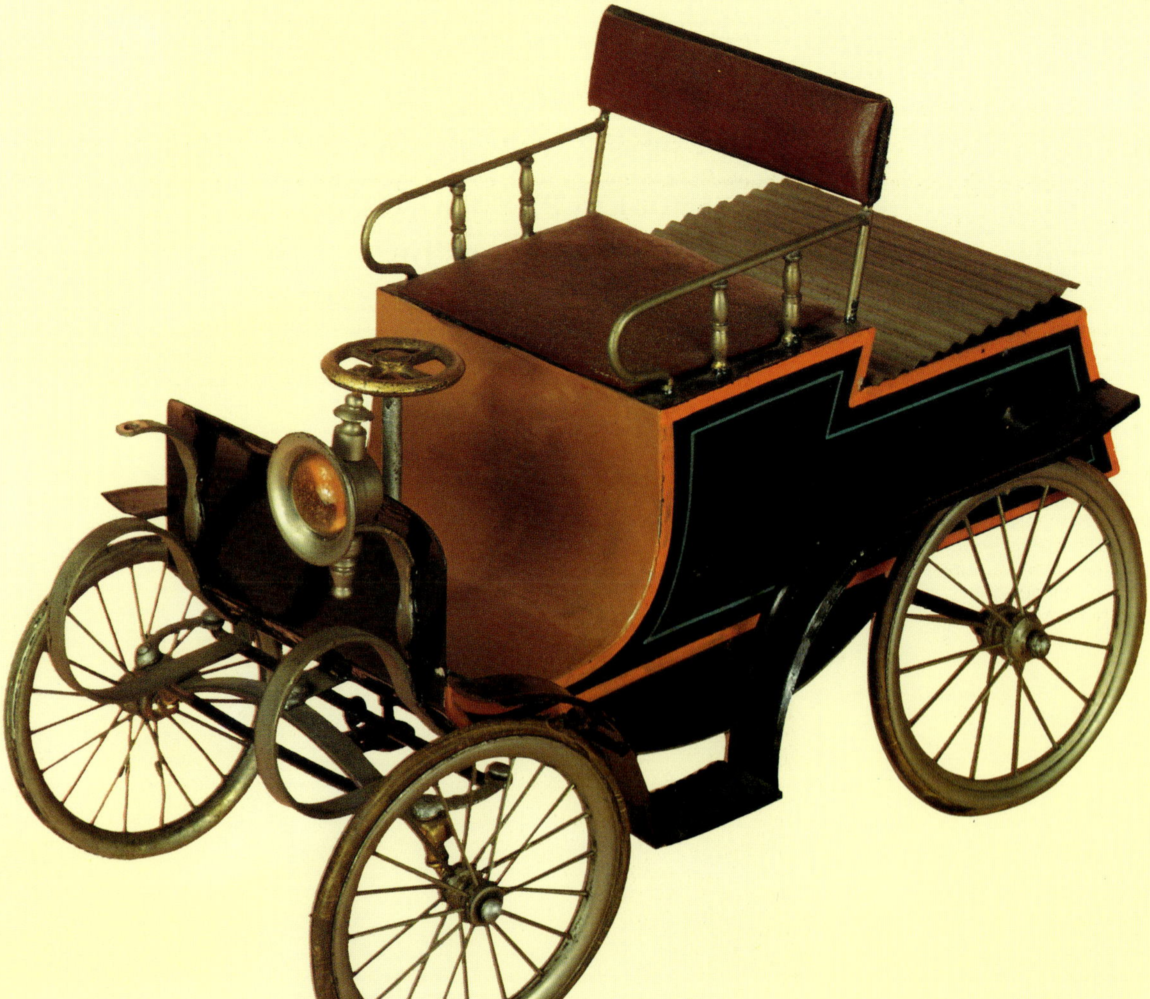

À LA DIFFÉRENCE DE BEAUCOUP d'autres objets anciens, les jouets exercent une attirance presque universelle. Chacun, dans son enfance, a possédé au moins quelques jeux, et expérimenté la joie de l'achat, ressemblant beaucoup à l'excitation que ressent le collectionneur adulte quand il possède un modèle rare d'auto miniature, ou un automate français exceptionnel. Alors qu'un jade ou un service en porcelaine de Meissen n'attirent que peu de personnes, les jouets anciens retiennent l'attention aussi bien des gens raffinés que des gens simples. Du fait de l'intérêt élevé qu'ils suscitent, les prix ont grimpé, et les collectionneurs se battent pour les pièces de qualité.

Le profil du collectionneur de jouets en métal va de l'esprit froid et méthodique, spéculant sur la rareté des trains ou achetant des jouets en tôle à l'état neuf pour les entasser dans leur boîte, à l'acheteur qui se servira des jouets comme objets de décoration, et sera inévitablement attiré par les automates, ces exquis personnages mécaniques, construits à l'origine pour être exposés.

Chaque semaine, en Europe comme aux États-Unis, se tiennent des salons, des foires et des bourses d'échange, où les amateurs peuvent choisir parmi un vaste assortiment d'articles, ou vendre le surplus de leur collection. Maintenant, de nombreuses salles des ventes organisent régulièrement des ventes aux enchères de jouets. Dans beaucoup de marchés ou de galeries d'antiquaires, il y a un petit nombre de marchands de jouets, bien que l'on trouve aussi des automates, dans d'autres boutiques. Aux États-Unis et en Australie, nombre de spécialistes publient et envoient des catalogues de leur stock, afin que les collectionneurs puissent, dans les endroits les plus éloignés, avoir constamment de nouvelles offres.

Les jouets les plus chers sont les automates, surtout ceux fabriqués en France par des firmes parisiennes aussi connues que Decamps, Lambert ou Bontems. Ces sociétés créaient des tableaux et des personnages mécaniques, qui imitaient ou parodiaient la vie contemporaine ; ainsi, on peut trouver des singes élégamment habillés et de belles dames à tête en biscuit qui se pomponnent devant un miroir, ou semblent jouer du piano. De tels personnages coûtent très cher à fabriquer, et ne sont pas faits pour les enfants, mais pour les adultes, pour qui ils représentent de luxueux cadeaux. Il existe aussi des modèles plus simples, servant de jouets, tels que des bébés qui pleurent quand on pousse leur landau, ou des oiseaux

PAGE DE GAUCHE : *fabriqué en 1902 par Gebrüder Bing de Nuremberg, ce modèle peint à la main de la voiture* Spider *est une des premières pièces que peut trouver le collectionneur de véhicules à moteur.*

À DROITE : *différents jouets des principaux fabricants. Un cuirassé de Gebrüder Bing, 1912 ; une locomotive mécanique Märklin d'écartement 0, avec tender et matériel roulant ; et une boîte de soldats anglais en couleur.*

CI-DESSUS : *le fer-blanc est devenu un domaine très coûteux pour le collectionneur, qui devra faire attention aux pièges, telles que les habiles reproductions. Ce modèle réduit en fer-blanc d'un triplan Focke-Wulf de la Première Guerre mondiale, qui a l'apparence de l'ancien, est en fait de fabrication récente.*

qui battent des ailes et pondent des œufs ; mais même ces objets peuvent aussi être assez chers.

À cause de la qualité inhérente aux automates, on ne peut s'étonner du prix élevé qu'atteignent certaines pièces ; mais il est toujours surprenant qu'un jouet en fer-blanc soit vendu cher car ces objets, à l'origine, étaient bon marché et produits en grande quantité. Les jouets en fer-blanc sont devenus un domaine respectable de collection dans les années 1960, et par la suite les prix des meilleures pièces ont régulièrement monté, quoiqu'ils se soient régularisés récemment. Les articles les plus populaires reproduisent les transports contemporains, principalement les autos et les voitures de livraison ; une voiture de tourisme bien préservée, fabriquée par Carette, ou un splendide cuirassé (complet, avec ses

PAGE DE DROITE : *parmi les locomotives les plus recherchées, on trouve* Black Prince, *de* Bassett-Lowke *(en haut), produit pour la firme anglaise par le fabricant allemand Bing, et* Flying Scott, *de Hornby (au centre).*

canots de sauvetage) fabriqué par une autre grande firme allemande, Bing, trouvent toujours un acheteur passionné. Ces fabricants produisaient des modèles réduits de bonne qualité, solidement construits pour résister à des années de jeux, et malgré la fréquente détérioration des peintures, le jouet de base reste la plupart du temps en état de marche.

Un autre fabricant allemand, Lehmann, créait des pièces plus amusantes, mais éphémères, telles qu'un clown essayant de contrôler un âne rebelle, ou une jeune mariée tapant son nouveau mari. Les jouets mécaniques de Lehmann étaient faits en fer-blanc assez mince, brillamment lithographié ; ils offrent maintenant un champ attractif de collection, car beaucoup ont survécu. Les jouets à un penny (toutes petites miniatures de chevaux, voitures hippomobiles, autos et trains) étaient aussi des articles populaires pour les vendeurs de rue. Ils sont maintenant très intéressants, car on peut en exposer beaucoup dans un petit espace.

Comme le fer-blanc est très vite devenu plus cher, un grand nombre de gens s'est tourné vers les modèles plus récents en tôle, produits en plus grande variété pour les enfants plus aisés de l'après-guerre. Ces modèles réduits de précision, sont maintenant si précisément cotés et mis en catégories avec une telle exactitude, que les collectionner devient une affaire aussi formelle qu'une collection de timbres ou de monnaies, avec des tarifs réguliers et d'étroites classifications. Une telle quantité de jouets a survécu que l'on est facilement sollicité, et, maintenant qu'il est facile de les trouver dans des ventes

de charité ou de vide-greniers, la chance de découvrir un objet rare est toujours à portée de main.

Comme les jouets les plus anciens deviennent plus durs à trouver, un marché de la reproduction et des “éditions de collectionneurs” s’est développé. Certaines des sociétés qui alimentent ce marché ne font en fait que reproduire ce qu’elles avaient créé bien des années auparavant ; d’autres éditent des séries limitées de jouets dans leur version moderne, tels que les autos ou les bus londoniens. Comme beaucoup de ces jouets se vendent bon marché, ils offrent à ceux qui ne souhaitent pas dépenser trop d’argent l’opportunité de rentrer dans le cercle des collectionneurs. D’un autre côté, les éditions limitées, surtout en tôle, prennent parfois rapidement de la valeur, de sorte qu’il est aussi possible, en ayant l’œil, de réaliser une bonne affaire.

Dans ce livre, on abordera les principaux domaines de collection, on expliquera comment éviter de coûteuses erreurs, comment entretenir les jouets anciens, et on mettra en lumière le travail de certains des plus fameux fabricants. Au début de leur production, beaucoup de jouets sont fabriqués pour le plaisir. Et les collectionner devient un plaisir supplémentaire, non tant comme investissement que comme appréciation d’un travail d’artiste.

CI-DESSUS : *page d’un catalogue de marchand de jouets de Nuremberg, daté de 1877, montrant la grande variété de jouets en fer-blanc produits durant cette période. Les trains sont particulièrement intéressants ; comme la plupart des jouets dépeints sur les autres pages du catalogue, ils sont à l’ancienne mode.*

À DROITE : *un des premiers cuirassés à vapeur,* le King Edward. *Fabriqué en 1902 par Gebrüder Bing de Nuremberg. Ce modèle à grande échelle a un luxe de détails, y compris les canots de sauvetage et cinq canons. La décoration dorée de la proue est typique de l’époque.*

KING EDWARD

Les automates

Beaucoup d'amateurs de jouets aiment décrire les articles qu'ils collectionnent comme des œuvres d'art, mais c'est dans le domaine des automates que l'expression est la plus justifiée. Les plus belles de ces créations, étaient fabriquées une par une, avec une grande précision, comme des pièces d'exposition, et certaines sont des objets si rares qu'il est presque impossible de les évaluer. Dans le domaine des automates de qualité, il n'y avait pas de place pour les techniques de production en série. Chaque personnage était décoré et habillé pour un marché bien spécifique : celui de l'adulte plutôt que celui de l'enfant.

L'âge d'or des automates fut la fin du XIXe siècle, quand les fabricants français, allemands et suisses, exportèrent tout un univers de personnages et de tableaux colorés à travers le monde. Les horlogers allemands, au début de la Renaissance, créèrent, au niveau commercial, les premiers jouets mécaniques pour enfants combinant musique et mouvement. Quand l'Allemagne devint le centre mondial de la fabrication du jouet, on donna le mouvement aux poupées et à des animaux, produits à bon marché pour les enfants. Certains des personnages, avec des têtes en biscuit, montés sur des boîtes à musique recouvertes de papier, encore vendus dans les années 1920, ressemblaient beaucoup à ceux fabriqués au XVIIIe siècle, car les fabricants préféraient les articles économiques et ayant fait leurs preuves.

Les fabricants français se concentraient sur le commerce de luxe et se délectaient avec des mécanismes compliqués et des vêtements et accessoires extravagants. Parfois, le petit éventail tenu par une élégante est si délicatement peint qu'il pourrait avoir sa place dans une collection de miniatures ; même les boucles de souliers et les gants sont d'exactes copies, finies avec un soin du détail que l'on ne retrouve nul part ailleurs.

Les plus beaux automates furent fabriqués dans et autour de Paris, principalement durant la dernière partie du XIXe siècle, quand des fabricants tels que Théroude, Decamps, Lambert et Vichy s'appuyaient sur l'habileté créative de centaines de travailleurs à domicile, qui réalisaient les costumes et les accessoires. Les fabricants français utilisaient souvent des mouvements musicaux suisses, du fait de leur qualité, ainsi que des têtes de poupées allemandes, de telle sorte qu'un seul automate incorporait fréquemment des parties venant des trois pays.

Page de gauche : *cet automate jouant du piano, avec une tête en biscuit d'Émile Jumeau, tourne et remue la tête lorsqu'il joue, avec trois mouvements. Le cylindre joue quatre mélodies, dont les titres sont inscrits sur le piano. Automate français, de fabricant inconnu.*

Ci-contre : *carrosse mécanique extrêmement rare, en métal doré, fait par le fabricant anglais William Nightingale en 1766. Les chevaux semblent galoper quand on active le mécanisme, caché sous le siège. Une plaque de métal, de 27 cm de long, porte le nom du fabricant et la date de fabrication.*

L'ÉPOQUE PRÉ-MODERNE

À TRAVERS LES SIÈCLES, les objets ayant l'apparence de la vie et du mouvement ont toujours attiré les gens. Les Grecs utilisaient des statues articulées pour répondre aux questions et accomplir des miracles, habituellement avec l'aide d'un garçon ou d'un homme de petite taille caché dans la base. Les plus grands progrès ont été réalisés au Ier siècle par Héron d'Alexandrie. Ses écrits et ses plans révèlent des machines complexes, faisant tourner et bouger les personnages par des moyens de force hydraulique ou pneumatique. Parmi ses automates, on trouve un personnage d'Hercule qui tire une flèche en direction d'un dragon sifflant couché sous un arbre, et des oiseaux chantants, actionnés par la pression de l'eau.

Ci-dessus : Dame à sa table de toilette, *du fabricant français Gustave Vichy, 1880. Elle lève son miroir dans une main et sa houppette à poudre dans l'autre tandis qu'elle tourne la tête. Le mouvement musical et le mécanisme sont cachés dans la table.*

Page de gauche : *personnage d'enfant, avec une tête en composition, fait par Alexandre Théroude, en France, en 1855. Il bouge sur un entraînement mécanique avec un socle sur lequel il repose les pieds. Ce socle porte la marque du fabricant.*

Dans l'Europe médiévale, Bernardino Baldi créa aussi des automates, actionnés par un système hydraulique et faisant référence à des personnages et animaux mécaniques vus dans les différentes cours. Le développement commercial de l'automate commença avec les horlogers du XVIe siècle, qui incluaient dans leurs horloges des personnages centraux tels que la Mort sonnant les heures, ou l'Adoration des Rois Mages. Augsburg et Nuremberg devinrent les premiers centres importants de cet art mécanique, dont des exemples ont survécu dans quelques églises et édifices publics. On fabriquait aussi en Allemagne de petites horloges de table avec des scènes articulées empruntées à la commedia dell'Arte ou à la mythologie classique. On admirait l'habileté des artisans de Nuremberg et leurs boutiques fournissaient de nombreux cadeaux princiers.

Ci-dessus : Verseuse de thé *française, avec une tête teintée en biscuit, fabriquée par Léopold Lambert en 1880. Un levier marche/arrêt active le mouvement musical, et la tête tourne de droite à gauche et de bas en haut comme si le personnage versait du thé. La marque du fabricant "L.B." est gravée sur la clé, dans le socle.*

Les maîtres du XVIIIe siècle

Au XVIIIe siècle, la fabrication d'automates devint un art spécialisé, déjà divisée en deux sections, une pour les enfants, et l'autre pour les adultes fortunés, qui appréciaient la complexité des dernières créations. Des tableaux tels que des scènes de

chasse, l'atelier d'un forgeron ou un carrosse et des chevaux, donnent quelque idée du luxe des pièces que l'on pouvait acquérir dans des boutiques réservées à une certaine clientèle. La curiosité du grand public était satisfaite par des expositions où l'on pouvait voir des pièces construites spécialement à cette occasion, telles que ce personnage de 2 m de haut, qui jouait de la flûte quand l'air passait par sa bouche.

Jacques de Vaucanson (1709-1782) fut le fabricant le plus connu du début du XVIIIe siècle. Parmi ses automates, on trouvait un canard de cuivre doré, qui buvait, mangeait, s'ébrouait dans l'eau, puis digérait sa nourriture, sans doute à l'aide de substances chimiques. D'autres personnages, fabriqués par lui pour jouer en public, fonctionnaient avec des poids, des cames et des leviers. De telles pièces utilisaient les techniques mécaniques les plus élaborées de l'époque, et il n'est pas étonnant que Vaucanson, en ayant assez de créer des fantaisies, ait vendu ses automates à un montreur itinérant pour se consacrer à des travaux scientifiques plus sérieux. Il est très regrettable que l'on ait perdu toutes les créations de Vaucanson. Mais ses travaux ont été repris par un horloger suisse, Pierre Jaquet-Droz (1721-1790). On peut encore voir les personnages les plus connus au musée aquatique de Neuchâtel. Pierre et Henri Louis Jaquet-Droz, ainsi que Jean Frédéric Leschot (1746-1827) fabriquaient des personnages plus réalistes que l'on pourrait s'y attendre, et il n'est guère étonnant qu'ils aient été présentés dans toute l'Europe, en même temps qu'une charmante scène champêtre présentant de nombreux personnages animés.

Pierre Jaquet-Droz avait dirigé avec succès une affaire d'horlogerie, avant de décider, à la suite d'une dépression nerveuse, de créer des automates. Ils étaient incroyablement vivants. Il acheva un garçon en train de dessiner, et un écrivain, en 1773, en collaboration avec Leschot, personnages destinés à faire connaître sa firme à travers l'Europe. On pense que *l'Écrivain*, représentant un garçon d'environ trois ans assis à une table, a été construit par Pierre. Le mécanisme est extrêmement compliqué, en raison de toutes les parties en mouvement qui doivent être fixées à l'intérieur d'un corps de la taille d'un

PAGE DE GAUCHE, À GAUCHE : *automate musical de Gustave Vichy, avec tête en biscuit Jumeau, fabriqué en France en 1880. La tête et les bras bougent quand le personnage lève le couvercle du panier pour nous montrer un petit agneau bêlant.*

PAGE DE GAUCHE, À DROITE : *automate musical pleurant de Léopold Lambert, fait en France en 1890. Le corps à tiges métalliques a des avant-bras en biscuit. La main gauche tient un mouchoir, avec lequel la poupée s'essuie le visage pendant qu'elle secoue et remue la tête. La clé est percée de la marque du fabricant "L.B."*

enfant. Quand le petit garçon écrit, avec une plume d'oie, ses yeux suivent les mots d'une façon très réaliste. Le mécanisme complexe permet au garçon d'écrire des phrases contenant un maximum de quarante lettres. Le problème auquel les collectionneurs doivent faire face pour entretenir le mécanisme de beaux automates, atteint son comble avec *l'Écrivain* : si la température baisse trop brusquement, il peut faire des fautes d'orthographe et espacer ses mots de façon irrégulière.

Le *Petit dessinateur* et *l'Écrivain* furent montrés dans toutes les cours d'Europe et les endroits à la mode. Pour flatter Louis XV, le *Petit dessinateur* en dessinait un délicat portrait, dont on peut encore acheter des copies à Neuchâtel. Au niveau de la construction, le *Dessinateur* est différent de *l'Écrivain*. Le papier sur lequel il dessine ne bouge pas. Trois jeux interchangeables de cames, chacun ayant douze cames, permettent au garçon de faire quatre dessins, et un système de soufflets lui permet de souffler la poussière hors de son papier avec un grand réalisme.

CI-DESSOUS : *très beaux automates, de la collection de Samuel Pryor. De gauche, à droite :* Magicienne, *probablement de Decamps ; son buste "respire", sa tête remue et chaque main soulève un cône pour révéler diverses pelotes de fil.* Le Bouffon, *de Decamps, martèle le couvercle d'une caisse, qui s'ouvre sur un personnage voulant s'échapper.* Le Pierrot bossu, *de Vichy, tente un singe avec du sucre ; le singe se penche, cligne des yeux et remue la mâchoire. Dans* Le Cancre *de Vichy, un écolier doté d'oreilles d'âne tourne et lève la tête, remue les oreilles et donne des coups de pied.* La Harpiste, *de Vichy, bouge la tête et les paupières comme si elle jouait.*

PAGE DE GAUCHE : automate du milieu du XIXe siècle, représentant un orgue de Barbarie portable, avec un mécanisme à seize clés. Le couvercle s'ouvre sur cinq personnages, y compris un mangeur de pommes de terre, M. Punch, et un joueur de tambour. La manivelle est à l'arrière et la glissière de sélection des mélodies sur le côté gauche.

CI-DESSUS : automate musical français, représentant une bohémienne, de Gustave Vichy. La tête remue de gauche à droite, le buste se soulève et s'abaisse comme pour respirer, et les bras remuent pour jouer des castagnettes. Le mécanisme musical à deux mélodies, et le mouvement mécanique sont cachés dans le corps.

Un troisième personnage, la *Dame musicienne*, est si complexe et fonctionnel que son mécanisme est souvent étudié par les fabricants de robots. Elle est beaucoup plus grande que les garçons, et tous ses doigts remuent, de sorte qu'elle joue réellement de son instrument, au moyen d'un système compliqué de tringles et de leviers. On essayait rarement de réaliser une telle complexité de mouvement, car le coût en était prohibitif, mais ce personnage représente l'idéal que tous les artistes, ensuite, vont tenter d'imiter, de façon plus économique. Pendant que la *Musicienne* joue, sa poitrine se soulève et s'abaisse, mouvement relativement peu compliqué que l'on peut voir dans bon nombre de personnages plus récents, ressemblant davantage à des poupées. Quand la *Musicienne* s'arrête dans son jeu, elle tourne la tête, bouge les yeux, les baissant modestement puis les relevant, se penche en avant et se redresse. À la fin de chaque mélodie, un quatrième mécanisme entre en action, qui lui permet de s'incliner gracieusement, comme si elle remerciait le public pour ses applaudissements.

Ces trois personnages de Neuchâtel représentent l'apogée de la fabrication des automates, et marquent le début du développe-

CI-DESSUS : Le Retour inattendu, par Phalibois, fait en France en 1860. Cet automate musical joue deux airs ; le remontoir à clé, le ressort, le mouvement musical avec marche/arrêt, sont renfermés dans le socle. La mâchoire, la tête et les yeux de l'homme bougent tandis qu'il lève un petit bouquet de fleurs, et la tête de la femme se lève, ainsi que celle du bébé.

velours, ou déguisé de façon imaginative en rocher, tour, ou talus recouvert de mousse.

La plupart des automates jouent seulement un ou deux airs, et donc ceux qui en jouent davantage ont une grande valeur, surtout si la boîte à musique est elle-même de bonne qualité. Comme les personnages et les éléments mis en scène étaient montés de différentes façons, la même poupée peut se trouver combinée avec des boîtes à musique de différentes qualités, de sorte qu'il faut très bien connaître une pièce avant de tenter de l'évaluer.

Les fabricants français d'automates travaillaient à la demande de leurs clients, et, comme leurs produits étaient toujours chers, ils en fabriquaient souvent dix ou vingt du même modèle. Il ne faut donc pas s'étonner si certains sont extrêmement rares et atteignent des prix très élevés. Tous les fabricants produisaient quelques uns de leurs groupes ou personnages en version plus simple, moins onéreuse, et en plus grande quantité. Léopold Lambert, en particulier, fabriquait en nombre certains de ses automates-poupées, mais comme il utilisait de très belles têtes, ordinairement fabriquées par Jumeau, ses automates les plus courants se vendent à bon prix.

Un automate signé Léopold Lambert est souvent l'un des premiers achats des nouveaux amateurs. La firme était spécialisée en personnages mécaniques de type poupée, avec des têtes en biscuit réalisées par les principaux fabricants. Au départ, Lambert avait travaillé pour la firme réputée de Vichy, et il avait appris dans ses ateliers un grand nombre de méthodes pour fabriquer des personnages semblant fumer ou faire des bulles. Beaucoup des automates-enfants qu'il créait se tenaient sur des socles renfermant le mouvement musical et accomplissaient des actions assez simples, comme soulever le couvercle d'un panier pour montrer un agneau bêlant, ou un oiseau en train de chanter. Le simple mouvement musical à cylindre jouait en général un seul air. Ses fabrications portent, sur les clés, les lettres "L.B." La firme produisait aussi des automates rares et très complexes, qui étaient parmi les plus chers. Un des personnages les plus connus est un fumeur qui inhale et rejette la fumée. Le faiseur de bulles, avec un soufflet dans le socle relié à un tube jusqu'à la bouche, est plus rare, et il est moins vraisemblable qu'il soit en état de marche s'il est acheté lors d'une vente aux enchères.

Une gamme beaucoup plus large d'automates fut créée par Vichy, une société fondée en 1860 par Antoine Michel, Henry et Gustave Pierre Vichy. En général, les productions de Vichy sont beaucoup plus artistiques que celles de Lambert, et les têtes, habi-

CI-DESSUS : *un* Joueur de luth *musical de Decamps, avec une tête et des avant-bras en biscuit, 1870. La main droite pince les cordes, et il bouge et remue la tête de gauche à droite. Le mécanisme musical est dans le socle.*

CI-CONTRE : *un* Fumeur, *fait par Decamps, 1870. La tête Jumeau en biscuit laqué a la bouche ouverte ; il lève un petit cigare en os avec sa main droite et rejette la fumée par la bouche grâce à un tube situé dans son bras.*

PAGE DE GAUCHE : *le* Mangeur de citrouille, *automate musical de Gustave Vichy, 1870. Sa tête et ses avant-bras sont en papier mâché. Une partie de la citrouille s'ouvre pour faire apparaître une souris.*

CI-DESSOUS : un Guitariste mexicain, musical, par Léopold Lambert, 1885. Le personnage a une tête en papier mâché qui remue et salue. Sa mâchoire pend pour laisser voir ses dents. Le socle contient un mécanisme qui joue deux mélodies.

CI-DESSUS : un orgue rare à 25 clés, avec un duo de singes, fait en France à la fin du XIXe siècle. Il joue neuf mélodies. La manivelle est à l'arrière, et le bouton de changement de mélodie sur le côté. Le singe qui joue du violoncelle fait cinq mouvements, et celui qui joue du violon en fait six.

PAGE DE DROITE : Pierrot et la lune, *de Roullet et Decamps. La langue de la lune roule d'un côté à l'autre. Le pierrot lève une jambe et son bras gauche comme s'il jouait de la guitare. Le mécanisme qui se remonte à clé est renfermé dans la lune, et joue une valse.*

tuellement en papier mâché, ont plus de caractère, car elles sont faites spécialement pour chaque sujet. On a souvent décrit *L'Homme dans la lune*. Une des versions montre un petit clown assis au sommet d'une pleine lune qui tire la langue et roule les yeux ; une autre version représente un croissant de lune dont les yeux roulent, pendant qu'un clown, assis dessus, joue de la guitare.

Le théâtre et le cirque inspiraient les fabricants, et Vichy était surtout fasciné par le potentiel artistique des clowns et des pierrots. Un des sujets les plus frappants de la firme montre un pierrot assis à un bureau. Sa tête suit le stylo qui parcourt la page, mais le sommeil le submerge, ses yeux se ferment, et la lueur de la lampe baisse. À son réveil, il remonte la mèche de la lampe, et recommence à écrire. Un autre pierrot nostalgique, à nouveau avec une tête de papier mâché, est un bossu qui tente avec un sucre un singe perché sur son épaule.

Des acrobates de Vichy font de délicates pirouettes, sur des dossiers de chaises ou des échelles, prenant appui sur la main droite puis sur la gauche, avant de terminer leur mouvement. Parfois un singe fait des tours ou joue du banjo, en clignant des yeux et en montrant les dents. Des personnages de divers pays, en papier mâché, sont représentés, tels que le Noir marchand de fruits, debout et haut de 75 cm, une Japonaise avec un plateau, une Africaine assise sur un tabouret et jouant de la lyre, et même Buffalo Bill, réalisé en 1880. Tous ces personnages sont nés chez les fabricants français.

Quoiqu'il ne soit pas le plus artistique des produits de Vichy, le *Placard magique* est une des pièces que tout collectionneur rêve de posséder. On voit un méchant garçon assis sur un buffet en bois. Il atteint une porte élevée qu'il ouvre. Une mouche apparaît alors, mais s'en va hors de sa portée. Dans le placard ouvert, il voit ce qu'il convoite : un pot de confiture de sa grand-mère. Il l'atteint, mais le pot se tourne pour révéler le visage de la grand-mère, dont la bouche s'ouvre et se referme comme pour le réprimander. Il secoue la tête, fait un geste de la main droite et tire la langue pendant que la porte du placard se referme. Comme si Vichy n'avait pas assez prouvé son adresse, une souris sort alors de derrière un fromage, sur la desserte. Ce très complexe automate est semblable en style à ceux des machines à sous également fabriqués par la firme, tels que deux méchants garçons, en retenue à l'école. En 1905, la firme Vichy fut reprise par Triboulet, et en 1923, fit partie de la société Jouets Automates Français.

Contrastant avec les automates sophistiqués fabriqués par Vichy pour les adultes, on trouve des versions ressemblant

CI-DESSUS : *horloge musicale avec acrobates, France, 1870. Un acrobate, dans une pièce garnie de miroirs, fait de l'équilibre en se tenant sur les pieds de son compagnon, tout en levant son chapeau. Le mouvement musical, dans le socle en ébène, joue quatre mélodies.*

PAGE DE GAUCHE : Noir fumeur, *automate musical de Gustave Vichy. La tête en plâtre a des yeux en verre qui bougent de haut en bas. Le personnage se balance dans la chaise en levant sa pipe. La fumée passe à travers un trou dans son doigt du milieu, sous son bras et sort par un trou dans la bouche. Le mécanisme musical avec marche/arrêt joue deux mélodies.*

davantage à des jouets, produites par Alexandre Nicolas Théroude. Entre 1845 et 1872, Théroude déposa vingt brevets relatifs à des automates (animaux, groupes de musiciens, et diverses poupées). Les collectionneurs connaissent davantage les poupées, que l'on trouve fréquemment sur le marché. La marque apparaît sur le socle. Le premier brevet (1845) concernait un lapin grandeur nature, qui bougeait les pattes, les oreilles et la bouche, avant de lever la queue et de laisser tomber des chocolats par terre. Connu sous le nom du *Lapin mal élevé*, le jouet transportait aussi une carotte en sucre.

La fascination de Théroude pour les animaux apparaissait aussi avec une série de chèvres et de moutons grandeur nature, qui rendirent son usine célèbre. En 1850, on décrivait Théroude comme un spécialiste des automates et des jouets, et comme étant l'inventeur d'un bébé parlant dans son berceau. Comme il était, avant tout, un fabricant de jouets, beaucoup de ses articles, destinés aux enfants, étaient bon marché. Ses poupées avec des têtes en papier mâché étaient relativement simples mais certaines avaient des têtes qui se tournaient, des yeux qui s'ouvraient et se

CI-DESSUS : *un* Singe tireur d'élite, *automate musical, peut-être de Blaise Bontems, 1860. Le singe, avec une tête en papier mâché, lève son fusil et vise le centre de la cible ; sa tête remue, ainsi que ses bras et sa mâchoire. Le socle contient le mouvement musical à ressort, qui joue deux mélodies.*

fermaient, et des bras qui se levaient pour envoyer un baiser ou sentir une fleur. La plupart remuait avec un mécanisme à roues, et certaines devinrent plus complexes après 1854, quand Théroude développa un dispositif qui permettait à une poupée de faire "coucou", en levant son tablier devant ses yeux. Ce jouet portait la marque de la firme sur le mécanisme en métal.

Les personnages de Théroude, tels que les singes jouant du violon ou les lapins lissant leurs moustaches, attirent souvent davantage les collectionneurs de jouets que les spécialistes des automates, qui préfèrent la sophistication de pièces de salon, telles que celles réalisées par J. Phalibois. Cette firme, qui travaillait au 22 rue Charlot, à Paris, se spécialisait dans les groupes mécaniques complexes, placés sous des globes de verre. La qualité des automates se retrouvait souvent dans les socles, dont les plus raffinés étaient incrustés de cuivre, de nacre, ou d'ivoire. Certains de ces articles prestigieux jouaient jusqu'à six mélodies, même si la plupart n'en jouaient que deux. Il arrive que le mouvement musical porte la marque "J. Phalibois", ou que les initiales "J.P." soient gravées. De telles marques sont parfois difficiles à trouver, car on ne peut les voir que lorsque le mécanisme est apparent.

Le sujet favori de Phalibois était un singe vêtu de satin, que l'on voyait peindre au chevalet, bercer un bébé, raccommoder des chaussures, ou faire des tours de prestidigitation. Un modèle de singe artiste porte à sa base la marque "J. Phalibois, 22 rue Charlot, Paris. Pièces mécaniques, fantaisies à musiques". Le fabricant, Durand & Jacob, était son associé, et des scènes créées par Phalibois portent parfois les lettres "D.J." sur les clés. De telles associations de fabricants, se combinant avec le piratage occasionnel des plans, rendent souvent difficile l'attribution d'automates non marqués, ce qui fait que beaucoup sont prudemment décrits comme "de type Phalibois".

Certains des groupes sous globe mesurent 75 cm de haut. Ces pièces importantes étaient destinées à être mises en mouvement pour les invités, ou à amuser les enfants. Des scènes représentant une dame à sa coiffeuse, à sa machine à coudre, ou jouant du piano, montre un sens du détail indiscutablement français. Une scène exceptionnellement décorative montre un funambule, avec un drapeau dans chaque main. Un Chinois musicien et un Noir se tiennent à côté, la richesse de leurs costumes se reflétant dans des miroirs. Le mouvement musical, marqué "J. Phalibois", joue quatre mélodies.

Il arrive que l'on trouve le nom du fabricant sur le globe de verre, avec le détail des médailles gagnées aux diverses expositions

CI-DESSUS : Singe violoniste, *automate mécanique musical, peut-être fait par Bontems. Le personnage a une tête en papier mâché et des yeux en verre. Des colibris se perchent sur les branches, et il y a même une cascade.*

À GAUCHE : Singe fumeur, *de Gustave Vichy, 1860. Il tient un lorgnon dans une main et un fume-cigare en ivoire dans l'autre.*

PAGE DE DROITE : Trio de singes, *sans doute par Phalibois, 1870. Le mouvement musical à ressort joue deux mélodies interchangeables. Les joueurs d'instruments à corde bougent leurs bras droits, et la joueuse de harpe les deux bras.*

internationales. Decamps, le plus prolifique fabricant d'automates, présentait parfois ainsi des scènes telles que *L'Illusionniste*, raffinement qui ajoutait à la valeur de collection de la pièce. Cette firme, qui existe encore aujourd'hui, a été fondée dans les années 1860 par Jean Roullet (1832-1907), qui était à l'origine un fabricant de jouets mécaniques. Après que Roullet eût été rejoint par son gendre, Ernest Decamps (1847-1909), la firme fabriqua aussi bien des pièces de vitrine que des automates de salon. En dépit de la qualité indiscutable des objets de l'époque victorienne, certaines des pièces les plus complexes datent du début du XXe siècle, quand le petit-fils du fondateur dirigeait la société.

On peut avoir une idée de la variété des automates fabriqués par Roullet et Decamps, d'après un catalogue de 1912, qui montre des clowns hommes et femmes, des Mexicains, des jeunes filles arabes, des japonaises en train de s'éventer, des magiciens faisant des tours de prestidigitation, tous, naturellement, vêtus de riches satins ornés de galons et de sequins. La vie idéalisée de la campagne a toujours plu aux artistes français, et on trouve des paysans habillés de soie portant un porcelet qui remue la tête, des bergers en habits de cour faisant la sérénade aux oiseaux, des paysans bretons portant des galoches avec leurs habits de soie du XVIIIe siècle. Le travail domestique aussi était idéalisé, et on peut voir des lavandières délicieusement costumées, ou des repasseuses vêtues de façon charmante mais peu réaliste. Dans les automates les plus intéressants, les mouvements musicaux sont cachés dans le torse ou sous une chaise, comme c'est le cas pour le *Paysan au porcelet*.

Decamps n'utilisait pas seulement des têtes françaises en biscuit ou en papier mâché, mais aussi des têtes allemandes en biscuit, composition ou Celluloïd, pour créer, durant sa longue période de production, ses tricoteuses, clowns ou personnages dansant sur la lune et autres magiciens réalisant des tours et jongleries. Une des figures les plus attrayantes est la *Danse du serpent*, dont on croit qu'elle représentait à l'origine Loïe Fuller, qui se produisait aux Folies Bergères. Beaucoup de versions de cette dame ont été réalisées, que l'on date habituellement d'après le style du costume. Certaines des figurines, accomplissant des actions plus simples, ont des têtes en biscuit, faites par Jumeau. Parmi elles, on trouve la charmante *Marchande de fleurs*. Cette dame tourne la tête et fait un geste vers une rose dans son panier, qui s'ouvre pour montrer une petite poupée qui envoie un baiser.

Le monde fantaisiste de Decamps comprenait bon nombre d'animaux : lapins qui sortent de troncs d'arbres ou de choux, méchants chiens et chats, éléphants, tigres ou lions. Le *Chat Botté* reste un grand favori, comme certains ours couverts d'une fourrure de lapin, qui bougent les mâchoires et les pattes de devant. On retrouve souvent des ours chez Decamps et ils sont parmi les moins chers des automates de cette société, avec certains de ceux qui ressemblent le plus à des jouets, tels que les bébés ou les animaux sortant de fleurs ou de paniers.

Après 1906, on utilisait parfois l'électricité au lieu des mécanismes d'horlogerie traditionnels, permettant ainsi la création de tableaux et de pièces de vitrine plus complexes. Decamps fabrique alors toutes sortes de personnages utilisant la plus récente technologie. Malheureusement, même le commerce de luxe trouve maintenant de telles pièces trop chères, de sorte que les plus beaux automates modernes sont aujourd'hui du ressort du monde du spectacle ou de la publicité. Une des pièces les plus complexes de ces dernières années fut créée pour *Les Contes d'Hoffmann*, quand ils furent joués à l'Opéra de Paris. Cet automate, actionné par télécommande, marchait, chantait et dansait chaque nuit sur la scène, puis tombait en morceaux.

La fabrication des pièces de vitrine fut importante jusqu'aux années 1930, où il semble que les commerçants ne se soient plus intéressés à cette méthode pour attirer la clientèle. À côté des figures complexes réalisées par des firmes telles que Decamps, on trouvait de nombreuses structures de base, accomplissant seulement une ou deux actions, telles que lever un bras ou hocher la tête. Comme il ne fallait pas beaucoup d'habileté pour réaliser ces pièces, surtout après l'introduction de l'électricité, on fabriqua dans tous les pays des Noirs ménestrels, des Chinois et des nains secouant la tête, des cordonniers et des Pères Noël réjouis. Ils portaient rarement la marque du fabricant, mais il arrive que le pays d'origine soit indiqué sous le socle. De telles pièces offrent un champ de collection attractif pour ceux qui ne veulent pas dépenser trop mais veulent cependant créer une collection originale.

EN DEHORS DE LA FRANCE

BIEN QUE LA GRANDE-BRETAGNE n'ait jamais été un producteur d'automates de luxe, il y a eu quelques très belles pièces faites pour la publicité ou des vitrines, dont certaines parmi les plus rares ont été réalisées par William Britain, dont le nom est plus communément associé aux petits soldats. Ces pièces étaient solidement fabriquées, avec des têtes, des mains et des jambes en plomb ; un mouvement d'horloge les actionnait. L'une d'elles, représente un Écossais, qui se verse du whisky dans un verre, et semble boire. Il peut jouer pendant une demi-heure chaque fois qu'il est remonté, ainsi qu'un *Mandarin* qui boit du thé. De telles pièces étaient chères par rapport aux jouets vendus par Britain, et étaient principalement destinées au commerce. Le *Khedive* mécanique qui fumait des cigarettes ou une pipe, et rejetait des nuages de fumée, était présenté comme un article de Noël, tout comme le *Jongleur indien*, beaucoup plus grand. Ce dernier tapotait un panier devant lui, dont il levait le couvercle pour montrer un enfant ; il replaçait le couvercle, et le levait à nouveau faisant apparaître un serpent. La firme fabriquait également des troncs automatiques pour les dons, certains étant d'un grand intérêt, car très peu de pièces automatiques ont été fabriquées en Angleterre.

Les fabricants suisses, et notamment ceux de Sainte-Croix, se faisaient une spécialité de superbes automates d'exposition fonctionnant à pièces. Un des fabricants les plus connus, Auguste Lassueur, avait passé en 1897 un accord avec la compagnie suisse des chemins de fer, qui lui permettait de placer ses produits dans toutes les salles d'attente. Après la reprise en 1938 par la Swiss Federal Railways, ces machines ont été électrifiées, et on peut encore voir nombre d'entre elles en mouvement. Une œuvre typique de Lassueur montre des groupes de poupées dansant sur des scènes entourées de miroirs, bien que les manèges avec des poupées assises dans des bateaux et sur des chevaux soient plus vivants. Ces automates fonctionnant à pièces pouvaient jouer jusqu'à six mélodies, et sont recherchés aussi bien par les amateurs de mouvements musicaux mécaniques que par les collectionneurs d'automates.

Quelques versions sans mouvement musical, intéressantes mais primitives, furent produites en Grande-Bretagne par William Tansley à la fin du XIXe siècle. En utilisant des poupées et

CI-DESSUS : Singe pianiste, de Vichy/Triboulet. Le mouvement musical, dans le socle, joue deux mélodies et le personnage remue les mâchoires, les paupières, la tête et les bras.

PAGE DE DROITE : Singe artiste, automate musical, probablement de Blaise Bontems, 1870. Six mouvements actionnent les yeux, la mâchoire, la tête et les trois actions du bras qui peint. L'horloge, avec des cloches qui sonnent, de Lapy Frères, a un échappement Broco.

CI-DESSUS : *automate* Oiseau chanteur. *L'oiseau à plumes est perché sur une base en porcelaine, le mécanisme à remontoir à clé met en action la tête et la queue de l'oiseau, ainsi que la bouche qui s'ouvre pour chanter.*

PAGE DE GAUCHE : Le Singe cordonnier, *par Phalibois, bouge la tête de gauche à droite, salue, lève sa lèvre supérieure, cligne les yeux et tape du marteau de la main droite. Le cylindre musical, dans le socle, joue deux mélodies.*

des chevaux du commerce, il créait des scènes aux courses, des ménestrels en action et des fêtes foraines en diorama. Les pièces réalisées par des fabricants connus attirent toujours l'intérêt, mais toute machine de fête foraine avec un tableau spécialement bien fait ou amusant trouvera toujours un acheteur.

Les automates colorés fonctionnant à pièces, et les articles d'exposition destinés aux vitrines étaient fabriqués aux États-Unis, mais ils n'atteignirent jamais le niveau des produits de luxe français. Au milieu du XIXe siècle, les riches Américains comptaient sur les produits de luxe importés d'Allemagne et de France. Bien que plusieurs firmes aient été installées aux États-Unis par des artisans immigrés, il semble qu'il n'y ait pas eu de véritable tentative pour rivaliser avec les luxueux produits français, vendus dans la plupart des magasins d'exclusivités. Au lieu de cela, les fabricants américains se concentraient sur les automates plus simples, qui pouvaient plaire aux enfants et être assez solides pour supporter les transports dans tout le pays sans dommage. Un des fabricants les plus imaginatifs du milieu du XIXe siècle fut George W. Brown, installé à Forestville dans le Connecticut, centre de l'industrie hor-

CI-DESSUS : *toute petite fille, sur roues, faite par Théroude. Elle porte un chapeau capitonné sur sa tête en papier mâché. Les deux boîtes à voix simple disent "papa et maman" et "coucou". La marque du fabricant apparaît sur la base en métal à trois roues.*

CI-DESSUS : Acrobate *musical de Gustave Vichy, 1876. Le personnage se balance sur une échelle qui oscille doucement, en se tenant sur les mains ; il remue la tête et arque son dos avant de se tenir de côté sur une seule main. Le mouvement musical joue deux mélodies.*

logère. Brown lui-même était horloger, et s'intéressait spécialement aux figures mécaniques, déposant plusieurs brevets pour des poupées qui marchaient.

Edward R. Ives, installé lui aussi dans le Connecticut, est beaucoup plus connu des collectionneurs d'automates. Quoique principalement destinées aux enfants, certaines de ses pièces sont si joliment faites et si finement habillées qu'elles peuvent rivaliser avec les produits européens plus sophistiqués. À l'origine, Ives fabriquait des jouets actionnés par de l'air chaud, mais vers les années 1880, il réalisa une gamme de charmants jouets en métal, comme une dame costumée conduisant une voiture à cheval. Les pièces de vitrine, typiques des solides jouets que créait Ives, pouvaient se mouvoir longtemps sans être remontées.

Ives augmenta sa gamme de jouets automatiques après avoir repris un petit fabricant new-yorkais, Robert J. Clay, spécialiste des personnages tels que les ours en fourrure, les prêcheurs noirs et les bébés nageurs. Ives utilisa aussi le talent de Jérôme Secor, qui fabriquait des oiseaux chantants en cage et des poupées à têtes en métal, qui jouaient par exemple du piano. Les plus

CI-DESSUS : *ce monsieur avec une tête en papier mâché lève son bras en avançant. C'est l'un des nombreux personnages créés par Théroude. Lui aussi se tient sur la base traditionnelle à trois roues.*

PAGE DE DROITE : *traîneau à un cheval, en étain, de type Lutz, fait en Allemagne dans les années 1870. Le mécanisme permet au cheval de piquer du nez de façon réaliste quand il avance. Les personnages sont en plâtre, et ont une couverture de fourrure sur eux. Le cheval est en bois sculpté.*

connus de tous les produits de Ives sont les personnages raides qui "marchent" sur des roues cachées sous leurs grands pieds. Le Père Noël, des personnages de diverses nationalités, l'Oncle Tom et le Général Benjamin Franklin Butler défilaient tous hors des usines de Ives, avec leurs costumes en tissu. Il s'agissait de jouets très populaires, et on les trouve fréquemment dans les salles de ventes spécialisées.

Un jouet américain encore plus commun est *l'Autoperipatetikos*, une poupée qui semble marcher sans support. Elle a été brevetée par Enoch Rice Morrison en 1862. Les poupées se déplacent vers l'avant par un mécanisme d'horlogerie qui se remonte avec une clé, et qui actionne les pieds de façon indépendante, de telle sorte que les pas en avant s'effectuent en fait sur des rouleaux cachés sous les bottes en métal. On produisit un grand nombre de ces jouets, tous avaient un corps épais, caractéristique, nécessaire pour cacher le mécanisme. La figure de ce type la plus courante est une dame en crinoline, jouet dont la valeur dépend du type de tête utilisé et de la qualité du costume. Les fabricants de *l'Autoperipatetikos*, utilisaient des têtes en biscuit, en papier mâché ou en porcelaine, même si les pièces représentant des personnages tels que Napoléon III soient faites en composition avec des barbes moulées.

L'Autoperipatetikos, aisément reconnaissable, est la première poupée fabriquée en grande série qui marche avec des pas individuels, et c'est aussi un inventeur américain qui conçut la première figurine parlante fabriquée en série. Thomas Edison (1847-1931) commercialisa sa première poupée parlante en 1889. Elle avait un torse en acier, qui renfermait un phonographe. La poupée, avec des membres articulés et une tête allemande en biscuit, se remontait à l'arrière et récitait des chansons enfantines et de courtes phrases. Ces poupées étaient les premières d'une longue série de figures parlantes fabriquée dans tous les pays, et mettant en pratique les technologies les plus modernes. Chaque année, dans les salons internationaux du jouet, on lance encore une nouvelle poupée parlante. Et pourtant, malgré les progrès technologiques, le son de la voix est moins réel que du temps d'Edison.

Comme les Allemands restaient plus intéressés par la production à grande échelle de jouets pour enfants que par celle de produits de luxe faits à la demande, leurs automates, ainsi que la plupart des modèles anglais ou américains, sont des plus simples. La plupart d'entre eux accomplissent des actions rudimentaires, telles que lever les bras et tourner la tête, mouvements contrôlés par des fils ou des cordes. Les fabricants allemands de jouets en fer-blanc ne fabriquaient pas de figures mécaniques costumées, comme celles réalisées par Ives aux États-Unis. La ville de Sonneberg, surtout réputée pour sa production de poupées, se fit une spécialité des automates simples.

Le jouet animé allemand des années 1830 reposait sur deux principes : un accordéon avec un animal ou un personnage fixé sur la surface inclinée, ou un simple mécanisme caché dans une boîte avec une petite manivelle sur le côté, et, parfois, de la musique. Les tableaux disposés sur les boîtes à manivelle sont particulièrement charmants : des soldats qui surgissent, un combat de chèvres, un renard chassant un écureuil, et des femmes emmenant un mouton au marché. Un petit nombre de jouets représentent la vie contemporaine de façon trop véridique pour être confortable : un boucher abat son hachoir sur le cou d'un bœuf, un homme bat son âne, et un chasseur tue un lièvre. D'après les catalogues, coloriés à la main, des marchands comme J.-S. Lindner de

Sonneberg, on peut avoir une idée de la vaste gamme de personnages vendus au début du XIXe siècle.

Les versions les plus chères de ces premiers jouets allemands comportaient des poupées à tête en papier mâché, habillées à la mode avec des robes de gaze ou de mousseline, à tailles hautes et grands décolletés, jouant d'instruments musicaux. Un élégant monsieur est assis à un orgue ; un autre joue du violon avec un mouvement simple et saccadé. Ces scènes que l'on remontait à la main étaient brillamment colorées, et sont le témoignage de la vie quotidienne de l'époque. Les soldats tiraient au fusil et au canon, les musiciens de rue avaient des petits singes en attraction supplémentaire, et les moines, les bûcherons, les commerçants, les paysans, les forgerons et les maçons accomplissaient leur tâche quotidienne de la façon la plus rudimentaire.

La vie de cirque et de foire était une source constante d'inspiration pour les fabricants d'automates de tous les pays, et les ouvriers de Sonneberg créaient des funambules, des prestidigitateurs, des trapézistes et des clowns à profusion, tous chevauchant des chèvres, des cochons et des ânes. Certains de ces premiers jouets mécaniques représentaient des scènes complètes, avec un fond sur lequel des éléphants et des girafes paradaient avec leurs gardiens, ou des dames arrosaient leurs fleurs ou buvaient du café dans un salon. Un petit nombre représentait des boîtes virtuelles, avec un toit, dans lesquelles les personnages évoluaient dans leur monde clos et magique.

Comme les scènes et les personnages étaient faits de composition, menu bois, fil de fer, ficelle et bouts de tissu ou de papier, ils sont extrêmement fragiles. Peu sont restés dans leur état d'origine. Quand on les trouve sur le marché, ils sont achetés par les collectionneurs de jouets aussi bien que d'automates, comme étant les produits commerciaux les plus imaginatifs et les mieux faits. Des variations à partir des types de personnages commercialisés par Lindner continuent à être produites au XIXe siècle. On peut les dater par les matériaux utilisés, et surtout par les costumes. Grinçant, aboyant, tintant et cliquetant, ces jouets évoluent dans les chambres d'enfants d'Europe et des États-Unis, et on peut maintenant les trouver partout dans le monde. Ils sont, à l'évidence, plus chers en Allemagne, où ils représentent les débuts de la grande industrie du jouet développée à partir de l'art populaire de Seiffen et des régions du sud.

Les clowns, manèges et autres bébés pleurant dans leur berceau deviennent tous plus grands à mesure que le siècle avance, et on utilise plutôt des poupées entières que des simples constructions de bois et de fil de fer. Ceux fabriqués en 1900 sont particulièrement intéressants à collectionner, et très décoratifs. Des poupées balancent des guirlandes de fleurs au-dessus de leurs jolies têtes en biscuit, dansent sous des arches, jouent de la musique, se promènent en traîneau ou montent un cheval de manège. On trouve parfois combinés dans une seule pièce les produits de divers fabricants : têtes de poupée venant de Simon & Halbig ou Armand Marseille, chevaux recouverts de cuir par F. Graeffer ou Louis Lindner, et mouvements musicaux fournis par un des spécialistes établis à Marburg en Hesse.

Beaucoup de ces automates, souvent décrits comme étant actionnés par des manivelles, sont recouverts de papier jaspé ou imprimé, parfois décorés en plus de motifs floraux ou gaufrés de bordures dorées. Les beaux enfants, les animaux, étaient les sujets les plus populaires ; des chatons prenaient le thé à une petite table, des ours dansaient, des chiens et des éléphants accomplissaient des tours simples. Il fallait beaucoup de temps pour assembler, peindre et finir ces articles éphémères, et on les produisit seulement quand le travail des paysans était bon marché ; leur qualité déclina brusquement après 1910, quand les travailleurs demandèrent un meilleur niveau de vie.

Les jouets français à manivelle sont souvent si semblables à ceux faits en Allemagne, que l'on peut les différencier uniquement par leurs détails décoratifs, ou parfois, par leur sujet. Comme la France exportait relativement peu de têtes de poupées vers l'Allemagne, quelques exemplaires avec des têtes en biscuit marquées "France" sont considérés comme français. Le problème se

Page de gauche : *William Britain était une des rares firmes anglaises à fabriquer des automates. La* Course à pied automatique *fut commercialisée dans les années 1880. Les têtes et les membres étaient en plomb et les costumes en tissu. Les deux hommes courent en rond, passant et repassant l'un devant l'autre.*

Ci-contre : *simples jouets à couinement, bon marché, fabriqués en grande série à Sonneberg et Seiffen. Certains avaient le mécanisme produisant le son dans le cou, d'autres accomplissaient un mouvement : bouger la tête ou agiter la queue.*

complique encore par le fait que beaucoup de fabricants français utilisaient souvent des poupées allemandes, qui étaient meilleur marché. Le collectionneur doit donc se contenter habituellement du terme vague "de type français". Parmi les sujets fabriqués en France, on trouve les basses-cours, les écuries, et les rondes enfantines. Une scène amusante montre un cuisinier devant un four ; quand le four est ouvert, une souris s'en échappe.

Le Père Noël était un sujet très populaire, et de grands modèles sont une caractéristique importante des vitrines de Noël. Des automates à barbe blanche avancent dans des traîneaux ou de simples voitures. Leur valeur tient plus à leur aspect qu'à leur lieu d'origine, et les exemplaires avec modèle musical coûtent plus chers. Certains de ces automates procurent des déceptions, car ils semblent anciens, les têtes en papier mâché ayant continué à être utilisées pour des productions limitées à la fête de Noël. Des ménestrels noirs, des clowns, des Japonaises, des Chinois buvant le thé, sont restés populaires depuis le milieu du XIXe siècle. Il y avait aussi quelques sujets spéciaux : des bouchers, des marchands de poissons, et des cordonniers. On trouve souvent dans les ventes aux enchères, des gnomes cordonniers et des vieux messieurs, portant quelquefois le nom du magasin ou du produit, et ils intéressent beaucoup les collectionneurs de sujets publicitaires.

En raison du prix élevé des bons automates français, de nombreux collectionneurs se concentrent maintenant sur les figures publicitaires, ou sur les boîtes à manivelles, qui sont relativement bon marché.

Problèmes d'évaluation

Les automates de qualité supérieure doivent être achetés avec une extrême attention, ou avec l'aide d'un expert. Ils représentent un terrain piégé pour les novices. Parmi les nombreux problèmes, on trouve les têtes remplacées, les mécanismes changés ou simplifiés, et les rajouts d'éléments venant d'autres structures. Le mouvement musical, qui peut être caché dans un socle servant de paysage, ou dans le corps de l'automate, peut être parfois remplacé par un mouvement moderne. Les collectionneurs expérimentés préfèrent acheter des exemplaires entièrement dans leur état d'origine, même s'ils ne sont pas en état de marche. Ils se méfient tout spécialement des pièces qui ont été nettoyées à fond et recostumées ; les restaurations d'amateur pouvant causer des dommages irréparables.

Il peut être difficile d'évaluer un automate. Quelques modèles, qui paraissent impressionnants, sont en fait plutôt communs, tandis que d'autres, ayant un charme moins immédiat, sont d'une valeur rare. Il vaut mieux acheter un automate ancien, en état d'origine, même s'il est d'un type des plus communs, car on trouve chaque année relativement peu de modèles sur le marché international. On peut s'aider des valeurs du marché fournies dans les estimations publiées par les catalogues de salles de ventes, mais l'acheteur devra se rappeler que l'auteur du catalogue n'est pas nécessairement un expert dans ce domaine, et qu'il est peu probable qu'il ait risqué d'abîmer le costume en ouvrant la pièce pour en examiner le mécanisme. En général, il est recommandé aux nouveaux collectionneurs d'acheter à un spécialiste des automates, qui leur fournira avec la pièce une garantie écrite, et pourra superviser toute restauration qui serait nécessaire par la suite. Malheureusement, les marchands de poupées aussi vendent des automates, et ils les évaluent davantage d'après la qualité et la fabrication de la tête que d'après le mécanisme, qui, souvent, ne les intéresse pas. Il arrive que la pièce vaille davantage en tant que poupée qu'en tant qu'automate ; encore un autre problème pour le collectionneur débutant.

Les jouets mécaniques plus simples ne représentent pas un problème, car n'importe qui, en ayant une connaissance minimale, pourra s'assurer qu'un modèle n'a pas été falsifié. Le degré de restauration et de réfection du costume qui est acceptable pour les collectionneurs, varie suivant les pays. En France, le fait que le costume soit d'origine est ce qu'il y a de plus important, alors qu'aux États-Unis, un article complètement recostumé se vendra bien. En Grande-Bretagne et en Allemagne, les positions varient, et dans les deux pays, on trouve des collectionneurs qui recostument toute figure n'étant pas dans son état d'origine. Cependant, comme l'intérêt pour l'état d'origine augmente, on trouvera de moins en moins d'automates inutilement restaurés, mais cela demandera aussi un plus haut degré d'habileté de la part du propriétaire.

Quoique les objets abîmés rebutent les principaux négociants d'automates, des articles en très mauvais état atteignent souvent des prix élevés quand ils sont achetés de façon spéculative par des non-spécialistes, dont la plupart ne se doutent pas du prix très élevé d'une bonne restauration. On trouve des professionnels de la restauration d'automates dans tous les pays, mais il est sage de s'adresser à un spécialiste recommandé par un client satisfait. N'importe qui peut s'installer comme restaurateur, et des travaux

désastreux sont parfois effectués sur des pièces de valeur. Quelques restaurateurs, plus intéressés par le côté mécanique que par le costume, réparent le mouvement aux dépens des vêtements ; d'autres rafraîchissent tellement les vêtements que la figurine en paraît moderne. Il vaut mieux demander conseil à un club de collectionneurs, un musée, ou un négociant réputé. Avant de laisser une pièce chez un restaurateur, insistez pour que le costume reste intact, et pour que le remplacement de parties, plutôt que la réparation, ne soit décidé qu'après consultation. Les meilleurs restaurateurs détaillent le travail fait sur leur facture, ce qui peut être utile pour une réparation ultérieure.

Le marché des automates reste très stable. Une fois attirés, les amateurs abandonnent rarement la spécialité. Ils gardent longtemps leurs pièces, de sorte qu'il en arrive peu sur le marché. Chaque année, le nombre de bons automates vendus sur le marché international décroît, forçant les prix à la hausse, et rendant ces aristocrates du monde du jouet très attractifs comme investissement à long terme.

CI-DESSUS : *jouets à roues allemands du milieu du XIXe siècle, de bonne qualité. Ils faisaient un ou deux mouvements, pincer une harpe ou jouer au cerceau. Ces jouets avaient des têtes en papier mâché et des costumes en tissu. Ils étaient actionnés au moyen de fils de fer reliés aux roues des socles. Cette page est tirée d'un catalogue de marchand de jouets allemand, avec des illustrations coloriées à la main.*

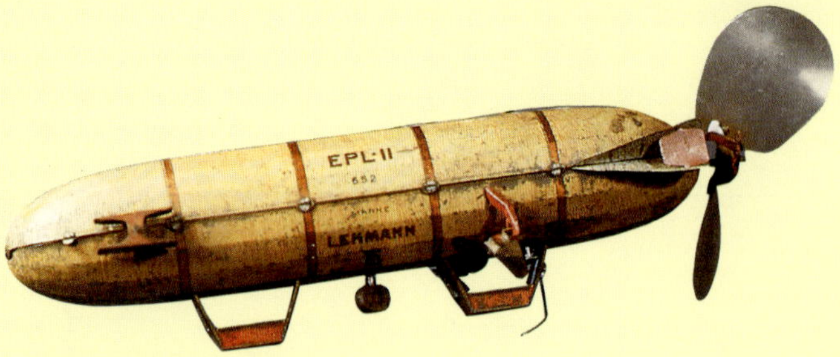

Les jouets en métal

Les tableaux et personnages, faits d'un mélange de matériaux tels que le papier mâché, le bois et le métal, nécessitaient un travail intensif, et ne prenaient un sens commercial que lorsqu'ils étaient fabriqués pour un marché de luxe. À mesure que la force de travail, surtout en Allemagne, devenait plus organisée et demandait une amélioration du salaire et des conditions de travail, les jouets traditionnels, faits en grande partie à domicile, étaient graduellement remplacés par des produits d'usine. Au milieu du XIXe siècle, les enfants devinrent aussi plus exigeants, et les voitures et chevaux taillés dans le bois suivant le vieux style populaire perdirent tout intérêt pour des enfants intéressés par le moindre détail des transports contemporains.

Beaucoup de petits fabricants de jouets, surtout en France, travaillaient dans de simples arrière-boutiques, changeant des bouts de métal en objets singuliers, habilement réalisés. Des jouets de ce type, comprenant grands nombres d'objets de cuisine, portent rarement une marque, mais on les fabriquait en série en Angleterre et aux États-Unis, aussi bien que dans les centres plus connus de Paris et Nuremberg-Fürth. Beaucoup de jouets en fer-blanc ont été fabriqués dans de petits ateliers de famille, jusqu'à la Première Guerre mondiale. Un tel travail ne portait jamais de marque ; on doit l'évaluer uniquement d'après l'apparence et la qualité de l'exécution.

La plupart des firmes fabriquant des jouets en métal avaient des usines, divisées en ateliers de découpage, d'usinage, et en zones de moulage, d'emboutissage, puis de peinture. Les artisans les plus habiles, et les mieux payés, étaient ceux qui dessinaient les détails sur les voitures et les véhicules à moteur. En 1900, les vastes usines allemandes avaient des ateliers électriques et à vapeur, des salles de conditionnement et des magasins, ainsi que des ateliers où on dessinait les jouets et leurs emballages.

La production commerciale de jouets en métal a commencé en Allemagne au XVIIIe siècle, mais la grande avancée se produisit après 1850, grâce aux continuelles améliorations des machines et des communications. La production de masse n'était pas possible jusqu'à ce que les usines soient équipées de la vapeur et, plus tard, de l'électricité ; il n'était pas non plus possible de livrer les détaillants en articles à la mode jusqu'à ce que le réseau de chemin de fer soit bien en place. Les jouets plus complexes, à cause de l'usinage coûteux de leurs différentes parties, ne convenaient pas aux ateliers familiaux. Ils étaient du ressort des grandes usines, fières de marquer leurs produits. Les Allemands particulièrement adroits dans les techniques

Page de gauche, en haut : *les dirigeables captivaient l'imagination du public dans les premières années du XXe siècle. L'usine Lehmann fabriquait le modèle représenté ici, le EPL II, en deux tailles. L'hélice en Celluloïd faisait avancer en cercles le dirigeable, suspendu par une corde.*

Page de gauche, en bas : *beau modèle de paquebot à vapeur, fait par Gebrüder Bing, de Nuremberg, en 1912. Il arbore des drapeaux français et est en bon état, à part une légère éraflure.*

Ci-contre : *Gebrüder Bing fut un des premiers fabricants allemands à produire une variété de petites autos. Cette voiture Brake, peinte à la main, qui rappelle les cabriolets tirés par des chevaux, dans la disposition des sièges, a été faite en 1904.*

Ci-dessous : les beaux modèles réduits de transports étaient toujours très appréciés des parents comme des enfants. Cette page d'un catalogue de marchand de jouets de Nuremberg donne une idée de la variété de l'offre.

commerciales, comprirent rapidement l'importance d'adapter les jouets exportés : les bus et les voitures de livraison fabriqués à Nuremberg portaient des publicités anglaises ou américaines, et les bateaux des noms familiers aux enfants de Londres.

En dépit des améliorations des techniques décoratives, qui rendaient les jouets en métal plus colorés, la majorité, surtout aux États-Unis, était encore peinte à la main en 1900. Continuer ainsi à utiliser des méthodes archaïques donne à beaucoup de jouets en métal un aspect faussement ancien. Tous les fabricants cachaient soigneusement leurs procédés d'impression sur le métal, et il est encore impossible de savoir exactement comment certains effets ont été obtenus. Depuis le milieu du XIXe siècle, on utilisait un procédé lithographique d'impression en couleurs, mais jusqu'en 1900, il ne servit pas pour les jouets en fer-blanc. Le vieux procédé lithographique, impliquant l'usage de la couleur sur une pierre, ne convenait pas pour l'impression sur métal, mais de rapides améliorations dans les techniques spécialisées, après 1875, surtout dans le champ du rouleau d'impression, rendit viable le procédé. Il devint meilleur marché

Page de droite, en haut : très belle voiture tirée par deux chevaux, avec encore son cocher et ses passagers. Datant de la fin du XIXe siècle, elle a probablement été faite par Märklin.

Page de droite, en bas : les trotteurs ont toujours été très populaires auprès des enfants américains. Ce jouet en fer-blanc peint à la main est conçu pour décrire des cercles, et est actionné par un simple moteur mécanique.

après 1900, quand les plaques lithographiques en métal remplacèrent la pierre, et encore plus économique dans les années 1920, avec la photo-lithographie.

VÉHICULES HIPPOMOBILES

LES PREMIERS JOUETS EN FER-BLANC, hautement prisés des collectionneurs, représentent les divers types de voitures hippomobiles. Quelques-unes de ces pièces sont étonnamment grandes, et parfaitement construites, avec les détails de cuir, cuivre et tissu qui les rapprochent des automates. On fabriquait, en France et en Allemagne, des calèches, des malles-poste, des coupés et des voitures à cheval. C'étaient des jouets chers, aux détails finement exécutés, car le but était de créer un modèle réaliste. Les chevaux sont parfois en bois ou en bois recouvert de cuir, en papier mâché, en composition ou même en zinc ; les guides et les harnais sont souvent de très belles miniatures. Il arrive que la peinture soit aussi finement détaillée, avec des panneaux émaillés et laqués, ceux des carrosses parfois embellis avec des armoiries ou un monogramme. On peut aussi apprécier la superbe qualité de ces jouets tirés par des chevaux, à l'attention du fabricant pour des effets spécifiques, tels que les ressorts ou les intérieurs garnis de satin.

Il arrive de trouver les voitures avec leurs conducteurs et leurs passagers d'origine, dont les costumes fournissent un des meilleurs moyens de datation. Certains des plus élégants datent de la Régence, et sont, naturellement, très rares. Curieusement, en dépit de leur grande qualité et de leur ancienneté, ces jouets se vendent moins chers que les voitures motorisées fabriquées après 1900 par des firmes telles que Märklin.

Les voitures, de même que les meubles en fer-blanc pour les maisons de poupées, étaient fabriquées par un des plus anciens

HALMA
Snakes and Ladders
Ludo
Tidley Winks
Hoop-la
Dominoes
LOTTO
SOLITAIRE
BAGATELLE
BY APPOINTMENT
TOY MAKERS TO H. M. THE QUEEN
THE CHAD VALLEY CO. LTD.
HARBORNE.
ENGLAND.
The Chad Valley Co Ltd
Chad Valley Works
Harborne
MADE IN ENGLAND

PAGE DE GAUCHE, EN HAUT : *beaucoup des premiers modèles réduits d'autos ne se basaient pas sur des prototypes reconnaissables. Cette voiture de tourisme en fer-blanc, faite par Gebrüder Bing en 1902, est peinte à la main en détail et a encore ses lanternes en verre ambré d'origine.*

PAGE DE GAUCHE, EN BAS : *les jouets anglais de Chad Valley étaient en toutes sortes de matériaux, y compris en fer-blanc. Cette camionnette de livraison, des années 1930, porte des publicités pour les jeux de la firme.*

fabricants de jouets allemands, Ludwig Lutz d'Ellwangen. Cette firme, fondée en 1846, était spécialisée dans les jouets de grande qualité, mais de construction quelque peu fragile. Certains des premiers jouets tirés par des chevaux, parmi les plus beaux, sont souvent attribués à Rock & Graner, fondée en 1913 à Biberach-sur-Riss. Cette firme du Würtemberg produisait des jouets dans une petite usine, et utilisait toutes sortes de métaux, et notamment le cuivre et les feuilles de zinc. À la Grande Exposition de Londres, en 1851, la firme fut récompensée par un prix. La société fabriquait des voitures aussi bien mécaniques qu'à vapeur, des bateaux à vapeur et des meubles pour maisons de poupées. Les trains devinrent plus tard sa principale production.

CI-DESSOUS : *quoique sans marque, ce jouet est à l'évidence de grande qualité. Les détails de la carrosserie sont minutieux, suggérant un capitonnage en profondeur dans le cuir. Laquée à la main, elle est en excellent état.*

nombre de véhicules à moteur que l'on trouvait sur les routes, Rossignol, en association avec des firmes allemandes et américaines, continuait à fabriquer des fiacres en fer-blanc peint, des charrettes à eau, des véhicules de ferme, ou militaires. Certaines des voitures hippomobiles étaient vendues avec des accessoires : écurie en fer-blanc ou en bois, caserne de pompiers ou entrepôt, mais ont peu survécu dans leur intégralité.

On peut parfois attribuer des pièces non marquées en référence aux catalogues, mais en général on évalue surtout ces jouets par rapport à leur âge et leur aspect. Ceux faits après 1920 ont tendance à être très simples : les chevaux sont souvent en deux parties assemblées et lithographiées. Même ainsi, beaucoup d'entre eux ont un charme primitif, et on commence maintenant à les collectionner. Plus récemment, sont apparus des chevaux fabriqués par les Japonais, ce qui montre l'attrait constant pour ces moyens de transport d'une autre époque.

LES PETITES VOITURES

LES FABRICANTS DE JOUETS ne comprirent pas tout de suite l'opportunité que représentait l'apparition de l'automobile. On en voyait rarement dans les magasins avant 1905. Et pourtant, les voitures sont maintenant les plus recherchées parmi les jouets en fer-blanc, et les pièces de fabricants connus, d'avant la Première Guerre mondiale, intéressent le marché international. En 1910, les fabricants étaient pleinement conscients des prix de vente des jouets à la mode, et on mit en production des coupés, des voitures de course et des doubles phaétons, les meilleurs ayant des intérieurs soignés, des phares miniatures fabriqués spécialement, et, à l'occasion, des bagages et des couvertures de voyage. Les plus beaux modèles, comme ceux de la firme allemande Märklin, étaient de solides constructions et contenaient souvent des passagers. La peinture de finition, permettait d'imiter le profil des vraies voitures, rendant les modèles particulièrement élégants. L'originalité du travail de peinture est très importante dans ce

ENCADRÉ EN HAUT, À DROITE : ce modèle Carette d'une Mercedes de tourisme a été fabriqué en 1907. Il est inhabituel de trouver un exemplaire complet, avec ses feux de côté, rappelant les lanternes de fiacres. La voiture a aussi des phares.

CI-CONTRE : Gebrüder Märklin a utilisé un luxe de détails pour la presse et la peinture à la main de cette voiture de tourisme. Les quatre peintures de couleurs différentes ainsi que les garnitures dorées, rendent ce jouet très intéressant.

CI-DESSOUS : *ce bel exemplaire de landaulet, non marqué, a probablement été fabriqué par Georges Carette en 1914. Les détails sont lithographiés, et le modèle a gardé ses phares nickelés.*

domaine de collection de jouets en métal, car la douce patine du temps est impossible à reproduire.

Les premières voitures, telles que celles fabriquées en France dans les années 1890 par H. Vichy, avec des sièges de velours et de soie, sont des copies précises des automobiles de l'époque. Elles sont si rares que leur possession reste un rêve pour la plupart des collectionneurs. D'autres fabricants produisirent des automobiles avec des occupants civils ou militaires dans les années précédant la Première Guerre mondiale, mais elles représentaient une part insignifiante parmi les articles traditionnels, tirés par des chevaux.

La plupart des collectionneurs se concentrent maintenant sur la période de l'entre-deux-guerres, dont on trouve des modèles à tous les salons ou foires de jouets anciens. Même si la finition et l'habileté artisanale qui caractérisaient les premiers modèles avaient disparu, les versions plus récentes apportent un fascinant document en miniature sur l'évolution de l'automobile. Heureusement, la plupart porte la marque du fabricant.

PAGE DE DROITE, EN HAUT : *à la fin des années 1920, quand ce modèle de décapotable fut fabriqué en Allemagne par Johann Distler, la construction des modèles réduits d'autos était beaucoup plus légère, et toute la peinture était lithographiée.*

PAGE DE DROITE, EN BAS : *la firme allemande Märklin se spécialisa dans les jouets de superbe qualité, ajoutant des caractéristiques comme des moulures en cuivre au capot et une grille de radiateur en métal, comme on le voit sur ce modèle. Faite en 1907, cette voiture doit avoir été le plus beau modèle disponible dans les magasins de jouets.*

Tous les collectionneurs ont une préférence pour une particularité quelconque d'un fabricant. Certains aiment Bing et Märklin pour leur robustesse et leur solidité, d'autres préfèrent la singularité de Lehmann ou l'approche plus romantique de Gunthermann, dont les chauffeurs et les passagers montrent de charmants détails, tels que de minuscules gants ou lunettes. Le monde de Georges Carette est universellement populaire, car ses jouets sont à la fois soignés et réalisés avec de l'astuce et une vraie élégance.

Carette, fils d'un photographe parisien et français de naissance, fonda sa firme de jouets, Georges Carette & Cie, à Nuremberg en 1886, quand il avait seulement 24 ans. Il avait appris le commerce en faisant son apprentissage dans la grande usine Bing, et il resta très intéressé par le côté commercial de son entreprise. Il était toujours prêt à produire un jouet étonnant à un prix compétitif, et ses autos, qui n'étaient pas aussi extravagantes que celles de Gunthermann, étaient cependant joliment décorées de couleurs attrayantes. Sa firme s'étendit rapidement, et en 1900 il avait des dépôts dans toute l'Europe, et employait près de quatre cents personnes.

En 1911, Carette mit un atout dans son jeu avec un superbe landaulet à moteur, avec marche arrière et frein. Cette auto, complète avec un chauffeur en papier mâché peint, pouvait être réglée pour rouler tout droit ou pour tourner, et était magnifiquement finie, avec des phares avant en nickel et des roues équipées de

À DROITE : durant les années 1930, il y eut une vogue pour les voitures que l'on pouvait mettre en pièces détachées, et assembler de nouveau. Ce modèle de voiture de course, fait par la firme anglaise Hornby, est d'une construction exceptionnellement lourde.

pneus. La société vendait des boîtes de personnages assortis, de manière à donner un effet de foule. On utilisait surtout ces personnages pour les bus, pour lesquels on fabriquait des chauffeurs spéciaux. L'un des bus portait des publicités anglaises, et était vendu comme un bus londonien. Il reste un des jouets les plus populaires de Carette.

Carette fabriquait aussi bien des voitures de livraison, des camions à eau, et des camions postaux, que des garages en fer-blanc, qui pouvaient contenir parfois un établi et un étau. Presque tous ces objets étaient mus par un moteur à ressort mécanique ou une roue à eau. La caserne de pompiers de Carette, vendue avec trois véhicules, avait une lance à incendie et des personnages mobiles.

Durant la Première Guerre mondiale, Carette fut obligé de rentrer en France, bien que la société continuât à fonctionner jusqu'en 1917, date à laquelle le stock et les outils furent dispersés, certaines des autos apparaissant plus tard sous la marque Karl Bub.

Bub était une autre firme de Nuremberg, fondée en 1851, et qui atteignit son pic de production dans les années 1920, quand on fabriqua en plus grand nombre des berlines et des voitures de tourisme, plus légèrement construites. En 1935, pour célébrer le centenaire de la ligne de chemin de fer qui reliait Nuremberg à Fürth, elle réalisa un train qui avait toutes les caractéristiques de ceux des premiers temps du rail, avec des passagers également de la période concernée.

Le fabricant allemand le plus estimé est Märklin, une firme encore en activité de nos jours, et qui produit encore des jouets de bonne qualité. Certains de ces premiers jouets sont plus gais que ceux de Carette, et ont des détails peints qui semblent avoir été rajoutés pour le simple plaisir de la décoration. La société s'était établie au Wurtemburg en 1859, et se concentrait au début sur les jouets en métal pour les chambres de poupées et les cuisines. Les premières années furent difficiles. En 1888, une nouvelle société, Gebrüder Märklin (1900-1963) vit les affaires s'améliorer après que la société ait pris le contrôle des produits de bonne qualité de Ludwig Lutz. De nouveaux capitaux furent rassemblés en 1892, et la firme changea son nom pour prendre celui de Gebrüder Märklin & Co., qu'elle garda jusqu'en 1907. La société s'étendit rapidement, s'installa dans de nouveaux locaux, et absorba une autre vieille société qui fabriquait des jouets, Rock & Graner. Mais, à la suite de problèmes financiers, il fallut trouver un autre partenaire en 1907, et le nom changea encore pour celui de Gebrüder Märklin & Cie.

Après avoir repris Lutz, la gamme de jouets de Märklin augmenta de façon spectaculaire, et il se concentra sur les véhicules de transport. Ils étaient fabriqués en lourd fer-blanc, et dans le style classique allemand, quelque peu sévère. À la différence de Carette, Märklin ne fabriquait pas une grande variété de voitures, de sorte que certains exemplaires sur le marché sont très attractifs. En peignant les véhicules de différentes couleurs et en ajoutant certains détails, le même modèle pouvait prendre une nouvelle identité : par exemple une auto pouvait devenir un taxi. Beaucoup des jouets de Märklin de la grande époque, entre 1895 et 1914, sont faits à la main et en métal lourd, et certains ont des détails extravagants, tels que des courroies de bagage en cuir et des pneus de roues de secours amovibles. On peut voir aussi sur les bateaux ce goût du détail. Sur certains ponts, on trouve des rainures dans lesquels on peut fixer des marins, qui restent en position même quand le bateau flotte.

À GAUCHE : *en dépit du feuillet d'instructions qui montre la vapeur sortant de la cheminée de ce bateau de pêche, il était en fait actionné par un volant, comme on peut le voir à l'arrière. Il était fabriqué par* Ueberlacker, *de Nuremberg, à la fin des années 1880.*

CI-DESSOUS : *bateau mécanique très détaillé, le* Greiff, *a été réalisé par* Georges Carette *en Allemagne en 1902. Un nombre considérable de détails a été rajouté sur ce petit bateau, qui a encore ses canots de sauvetage.*

projecteurs et postes de vigie, des torpilleurs avec dispositif de signalisation. Dans une veine plus légère, on trouvait des yachts de plaisance, et un splendide bateau, le *Sleipner*, que la publicité présentait comme un modèle réduit du bateau de l'escorte du Kaiser.

L'autre grand fabricant de jouets allemand, Gebrüder Bing, produisait aussi des bateaux et des sous-marins d'excellente qualité, sans pour autant rivaliser avec les plus belles pièces de Märklin. Les premiers bateaux de Bing, datant des années 1895 à 1910, sont les plus beaux, avec des détails peints et de somptueux ornements ajoutés pour le plaisir de l'acheteur. Comme Bing, au contraire de Carette, marquait ses produits, la firme est très populaire auprès des collectionneurs, et certains bateaux en bon état peuvent atteindre des prix très élevés.

Les frères Ignaz et Adolf Bing commencèrent à produire des jouets et des ustensiles de cuisine en fer-blanc dans les années 1860 à Nuremberg, mais on sait peu de chose sur ces premiers produits, car la véritable expansion ne commença que vers les années 1890, quand la firme devint une SARL. Les frères Bing étaient d'excellents hommes d'affaires, et leurs produits se vendaient partout dans le monde, du Soudan à l'Alaska. Ils voyaient bien aussi l'importance de présenter leurs nouveautés aux expositions internationales, et les médailles gagnées leur servaient de publicité. Leurs plus beaux bateaux étaient vendus dans des boîtes de présentation spécialement conçues, avec un paysage marin formant un arrière-plan réaliste. D'autres étaient vendus dans de solides boîtes en bois

PAGE DE GAUCHE, EN HAUT : *datant des années 1920 le Jolanda est un modèle attractif de grand yacht. Fabriqué en Allemagne par Gebrüder Märklin. On remarque l'avènement de la radio, à la ligne aérienne entre les mâts.*

PAGE DE GAUCHE, EN BAS : *ce modèle de sous-marin allemand, fabriqué par Gebrüder Bing, de Nuremberg, est en bon état, ayant encore ses drapeaux. Le moteur mécanique, qui le fait plonger et revenir en surface de façon répétée, est remonté par la vis installée dans le kiosque de timonerie.*

CI-DESSUS : *ce torpilleur mécanique a été fabriqué par Gebrüder Bing de Nuremberg en 1910. Le mât et la cheminée manquent. Il représente un genre de bateau très rapide, que l'on considérait comme une menace pour les autres navires.*

et ils doivent à cet emballage rigide d'avoir survécu après des années de négligence passées dans les greniers et les caves.

Bing et Märklin fabriquaient tous deux des bateaux de 1 m de long, et en 1912, Bing fabriqua des canonnières automatiques, des torpilleurs et des contre-torpilleurs, à vapeur ou mécaniques. Tous les jouets Bing faits avant 1919 portent la marque GBN ; après cette date, on trouve B.W. (Bing Werke). Les jouets Bing Werke n'ont pas le charme des premiers produits, car ils sont réalisés à l'économie pour être compétitifs avec les produits des autres fabricants de jouets, dans les années la Grande Dépression de 1929. Mais depuis que les premières pièces sont devenues très chères, les autos et bateaux fabriqués dans la dernière période sont plus populaires.

LES JOUETS EN FER-BLANC DE LEHMANN

LEHMANN, firme établie dans le Brandenburg en 1881, aborda le problème de la création de modèles de transports contemporains, d'une façon plus allègre et concentrée, non sur la précision et la qualité, mais sur la décoration et l'originalité. Comme les jouets fabriqués par cette société étaient bien meilleur marché que ceux de Bing ou Carette, on les trouvait chez les enfants à tous les niveaux de la société. Beaucoup de modèles ont survécu en grand nombre, ce qui fait baisser leur prix. Pour les concepteurs de Lehmann, une simple voiture, ce n'était pas assez : elle devait être occupée par un méchant garçon à la conduite inconsciente. Les jouets Lehmann sont marqués aussi bien du nom de la société qu'avec des renseignements sur le brevet, on les reconnaît immédiatement.

Après 1900, l'usine Lehmann répandit sur le marché des bus, des camions et des camionnettes aux couleurs brillantes et attrayantes. Beaucoup de ces charmantes créations ressemblent à des automates, en ce qu'elles sont habilement conçues, sans doute pour que les adultes les trouvent irrésistibles et les achètent pour eux ou pour les offrir à leurs enfants. Un mulet récalcitrant, avec un clown essayant comiquement de contrôler un âne ruant qui traîne une carriole de cirque, est le plus fameux des articles de la firme.

Dans les années 1920, Lehamnn produisait plus de quatre-vingt modèles différents, la plupart d'entre eux portant un nom, tels que *Halloh*, un garçon sur une moto, *Mandarin*, une chaise à porteurs avec ses deux porteurs, *Tut-tut*, une auto, et, beaucoup plus rare, *Baker and Sweep*, un balai attaquant un boulanger. Beaucoup de ces jouets restaient longtemps sur le marché, et leurs brevets étaient redéposés. Comme cette information était

PAGE DE DROITE, EN HAUT : H.M.S. Barfleur, *fabriqué en 1924 par Gebrüder Märklin. À vapeur, le bateau a trois hélices et un formidable ensemble de canons.*

PAGE DE DROITE, EN BAS : *bien meilleur marché et plus rudimentaire, cette petite représentation d'un paquebot des années 1920, sans marque, est mécanique et se remonte avec la grande clé à l'arrière.*

CI-DESSOUS : *l'impressionnant paquebot peint à la main, le* Kaiserin Augusta Victoria, *fabriqué en 1912 par Gebrüder Märklin, est dans son état d'origine. Le bateau transporte huit canots de sauvetage.*

marquée sur le fer-blanc, la plupart des jouets de Lehmann sont très faciles à dater. En 1921, la firme avait quelque huit cents ouvriers, et était arrivée à son pic de production ; entre-temps, la firme s'était dotée d'un nouvel associé en la personne de Johann Richter, un homme qui avait étudié les méthodes de travail dans d'autres pays et avait des idées novatrices. Après la Seconde Guerre mondiale, l'usine Lehmann fut mise sous séquestre par l'Union Soviétique, mais Richter recréa la firme de jouets près de Nuremberg, et elle fonctionne encore.

À cause de leur construction quelque peu fragile, les jouets Lehmann sont parfois ignorés des grands collectionneurs, qui préfèrent le poids et la solennité des véhicules de transport de Carette ou Märklin. Pourtant, si l'on a la chance de pouvoir en réunir plusieurs et, surtout s'ils sont avec leurs boîtes colorées d'origine, les jouets Lehmann sont visuellement saisissants, détaillés et pleins d'humour. Certains des plans présentés avant 1900 sont extrêmement modernes, si simples que l'on pourrait les avoir faits dans les années 1920. Le *Meunier Gustave*, qui grimpe au mât et met en mouvement les ailes de son moulin, fut d'abord vendu en 1897, quoiqu'il paraisse encore très à la page aux garçons des années 1930. Quelques-uns des produits de la firme se vendaient si bien que la fabrication dura encore assez longtemps. Ils sont relativement courants, et on les trouve à bas prix. D'autres, comme la voiture amphibie, brevetée en 1905, sont plus rares et représentent de ce fait un excellent investissement.

Malgré leur apparente fragilité de construction, quelques jouets Lehmann fonctionnent très bien, avec des moteurs qui peuvent tourner une heure. Le meeting aérien mécanique, composé de dirigeables et d'avions volant autour d'une tour, était un spectacle ininterrompu, tout comme la *County Fair Tower*, avec des autos circulant sous des arches pendant que des dirigeables tournaient en rond, un jouet présenté en 1914.

DIRIGEABLES ET AVIONS

AVANT 1914, il y avait relativement peu d'avions représentés en jouets, peut-être parce que les fabricants les sentaient trop éloignés de la vie quotidienne de la plupart des garçons. Les modèles d'avant 1914 sont rares et tentants, même si leur état laisse à désirer. Comme Carette cessa tout commerce en 1917, avant qu'aucun fabricant de jouets n'ait créé d'avions en série, ses produits ont acquis une valeur particulière.

Pendant sa courte période de production, la firme Carette s'attacha aussi bien aux dirigeables qu'aux zeppelins ou aux avions. Son dirigeable *Parseval*, dans les plus grands modèles, avait deux hélices qui lui permettaient de décrire de larges cercles. Le catalogue de Carette de 1911 ne montrait que deux avions : un biplan de type Wright, et le monoplan de Blériot, une construction étonnamment fragile.

Les exploits des audacieux pilotes pendant la Première Guerre mondiale, excitèrent l'imagination des garçons du monde entier, et les fabricants de jouets encouragèrent leur intérêt par un assortiment d'avions prenant modèle, non seulement sur les derniers plans des années 1920, mais aussi sur les avions de chasse des années de guerre. Bien que l'on retrouve souvent ces objets en mauvais état, ils restent très recherchés des collectionneurs car ils semblent vrais, placés au-dessus de voitures et de trains, et sont très décoratifs dans un bureau ou une chambre.

***À gauche :** les Jouets à un penny forment un champ de collection très attractif, car on peut les exposer ensemble dans un très petit espace. Le plus souvent sans marque, on peut en attribuer un petit nombre aux usines de Nuremberg. Brillamment décorés avec de la lithographie, et à l'occasion avec un vernis, ils sont à l'origine vendus en grande partie par les vendeurs de rue.*

***Page de droite :** curieusement ancien d'apparence, et reproduisant fidèlement un biplan à deux moteurs de la Première Guerre mondiale, c'est en fait une fabrication récente.*

Après la fameuse traversée en solitaire de l'Atlantique par Charles Lindbergh en 1927, l'intérêt pour les modèles réduits d'avions augmenta. Les firmes allemandes Gunthermann, Lehmann, Distler et Tipp fabriquèrent toutes des modèles très précis de l'aviation civile ou militaire, aussi bien que des hydravions. Certains de ces jouets sont réalisés en fer-blanc très mince, qui fait illusion quand il est fraîchement lithographié, mais qui est rapidement bosselé et rouillé. Les versions de jouets à un penny, si petits qu'on ne les emportait pas dehors pour jouer, ont souvent mieux résisté.

Les jouets à un penny pour le grand public

Les jouets à un penny, c'est l'expression populaire qui désigne une variété d'objets aux couleurs brillantes, fabriqués en France et en Allemagne jusque dans les années 1930. Les plus recherchés sont ceux produits avant la Première Guerre mondiale ; leurs couleurs sont plus riches et ils ont plus de détails en relief. Certains ont des éléments qui bougent : deux joueurs qui tapent dans un ballon, des poules qui picorent, ou un clown qui bat un âne. Il y en a relativement peu qui portent une marque, car ils étaient fabriqués par de très nombreuses petites entreprises qui vendaient leurs produits par l'intermédiaire des grossistes de Nuremberg, comme Moses Kohnstam, connu sous le nom de Moko.

Dans les catalogues Moko de 1928-1930, on trouve des voitures hippomobiles, des bateaux à rames de l'époque édouardienne, aussi bien que des voitures minuscules, des machines à coudre et des motos. Certains des jouets à un penny, comme les trains, étaient faits en plusieurs parties et vendus à l'origine en boîte. Cependant il semble que la majorité des fabricants aient commercialisé leurs produits en vrac et par douzaines aux marchands ambulants et aux confiseries.

Une approche amusante et décontractée était nécessaire pour les firmes produisant des jouets à un penny. Les fabricants de jouets français, tout particulièrement, semblaient être capables de réaliser un modèle attractif et magique. Alors que les matériaux bruts utilisés pour ces jouets étaient peu chers, la décoration et la finition sont toujours restées délicates et charmantes. Comme ils étaient réalisés dans de petits ateliers parisiens inconnus, ces jouets portaient rarement une marque.

LA PRODUCTION DE JOUETS DE MÉTAL EN FRANCE

BEAUCOUP DES JOUETS fabriqués par les plus grandes usines gardent une légèreté de style qui contraste avec le travail plus sérieux de Bing ou de Carette. Cette approche typiquement française se voit particulièrement dans les produits de Fernand Martin, qui fonda son usine de Paris en 1878. Comme Lehmann, le plus fantaisiste des fabricants allemands, Martin créait d'amusants personnages, qui décrivaient des scènes de rue, du commerce ou du cirque ; mais au lieu de recouvrir les surfaces de brillante lithographie, il visait un plus grand réalisme, et revêtait même de tissu certains personnages.

Martin s'intéressait spécialement au potentiel publicitaire et commercial que pouvaient avoir les boîtes attrayantes, et de ce fait, elles portaient le nom du jouet et du fabricant, aussi bien que les dates des médailles gagnées aux expositions internationales.

Même si la construction des jouets Martin (une combinaison de fil de fer, acier, cuivre, cuir et tissu) semble complexe et fastidieuse, la firme était rentable, en partie parce que les mêmes modèles étaient fabriqués année après année, avec des finitions ou des détails différents, pour s'adapter au marché étranger. Un jouet, *Le Sheriff*, semble avoir été spécialement réalisé en 1892 pour la Foire mondiale de Chicago, sans doute à cause du succès que Martin avait obtenu avec des jouets précédents, comme un orchestre de jazz et un fauteuil roulant, fabriqués pour des expositions françaises. Des ivrognes, des violonistes de rue, des serveurs, des boxeurs, des policiers, des marchands de fruits, des concierges et des blanchisseuses, tous caricaturant la vie quotidienne à Paris, sortaient des usines Martin. Certains de ces jouets attirent maintenant davantage les amateurs d'automates que les collectionneurs de jouets en fer-blanc, mais ils offrent par eux-mêmes un large champ de collection.

Martin était fasciné par l'histoire des jouets, et il donna au Conservatoire des Arts et Métiers de Paris une vaste collection de jouets, qu'il avait faite sur une période de trente ans ; il est le seul fabricant de jouets du XIXe siècle à avoir prévu l'importance historique de son travail.

Certains des jouets français en fer-blanc de qualité étaient fabriqués par Jouets de Paris, une firme qui produisit, dans les années 1920 et 1930, des modèles de toutes les voitures fameuses

***À DROITE :** fabriqué immédiatement après la guerre, ce jouet fantaisie d'un porteur conduisant un chariot à bagages est brillamment lithographié et marqué : "fabriqué en Allemagne, zone américaine". Quand il est remonté, il poursuit une course irrégulière.*

CI-DESSOUS : *ce porteur des chemins de fer allemand, mécanique, a été fabriqué en 1910 par Walter Stock, de Solingen, firme allemande spécialisée dans la fabrication des jouets fantaisie.*

À GAUCHE : *cette tirelire en fer-blanc, sans marque, est à l'évidence allemande, et date des années 1950. Quand on tire le levier sur le côté, le bûcheron frappe la pièce avec sa hache de façon à ce qu'elle tombe dans le socle.*

PAGE DE GAUCHE : *les détails raffinés de ce phaéton en fer-blanc le rendent extrêmement plaisant. Sans marque, il a été fabriqué en Allemagne en 1870, probablement par Lutz.*

À DROITE : *beaucoup de jouets fabriqués pendant les années 1930 étaient seulement marqués sur leurs boîtes. Ce véhicule mécanique est un exemplaire, bien construit, de cette période.*

CI-DESSOUS : *les jouets en fer-blanc tels que les cuisines et les salles de bains étaient spécifiquement fabriqués pour les filles. Cet exemplaire allemand a un robinet qui fonctionne.*

de l'époque. Son *Hispano Suiza* avait une longueur impressionnante de 52 cm et était équipée de phares ; et la voiture de course *Delage* était déclarée "la plus belle voiture de course jamais vue". Beaucoup des produits de la firme portent clairement une marque, et sont faciles à collectionner. La qualité est toujours bonne, même celle des jouets de la dernière période. Les plus beaux jouets sont indubitablement ceux des années 1930 et la *Rolls-Royce* est un superbe modèle, à la fois solide et précis.

Citroën fut le grand concurrent français dans le domaine des modèles réduits et, au début des années 1920, décida d'utiliser des copies de ses propres automobiles comme articles promotionnels. Citroën fabriquait à la fois des camionnettes et des voitures, dans le but d'encourager les enfants à connaître le nom du fabricant dès leur plus jeune âge. Des affiches attractives, représentant des enfants avec les petites voitures, firent monter les ventes (environ 15000 en 1923, la première année de production). En 1928, les modèles réduits, fabriqués en tôle, apparurent sur le marché et eurent un succès immédiat. Les camionnettes de livraison en fer-blanc, les taxis, les coupés et les semi-remorques étaient des copies très précises, et pouvaient être achetés dans les salons de l'automobile ou les magasins. On les sortait fréquemment en même temps que les nouvelles automobiles grandeur nature, de façon à ce que les enfants puissent encourager leur père à acheter le dernier modèle.

Le taxi B2, avec des panneaux en cannage pour les places passagers, est une des pièces les plus recherchées, bien que la Torpédo B2 soit aussi populaire, comme étant la première à être fabriquée en 1923. En principe, tous les modèles portent la marque Citroën, et sont aisément identifiables. Les produits intéressants furent fabriqués pendant une période relativement courte, et très peu commercialisés à la fin des années 1930 (à l'exception d'une petite gamme fabriquée après la guerre par une autre société).

Un autre grand fabricant français de jouets en fer-blanc, Charles Rossignol, commença à produire à Paris en 1888. Comme les articles Citroën, les modèles de la firme portaient toujours une marque, et les boîtes avaient également le mono-

gramme de la société. La production ne cessa qu'en 1962, laissant aux collectionneurs le choix entre une très large gamme de modèles et de styles. Les voitures de laitier à friction, avec les chauffeurs et un lot de bidons, sont parmi les pièces les plus décoratives, bien que les taxis mécaniques, les limousines et les coupés, aux brillantes lithographies, soient plus généralement populaires auprès des collectionneurs, et atteignent des prix élevés. Certains jouets Rossignol, tels que les voitures de pompiers à vapeur, étaient laqués, au lieu d'être lithographiés, mais ils portent tous un monogramme en évidence. En fait, il arrive souvent que le monogramme soit partie intégrante de la décoration.

LES FABRICANTS ANGLAIS ET AMÉRICAINS

QUELQUES JOUETS MÉCANIQUES étaient aussi fabriqués en Grande-Bretagne dès le XVIIIe siècle, mais l'industrie n'atteignit jamais le succès que l'on aurait pu espérer, surtout en raison du coût élevé du travail. Du fait de la cessation des importations de l'Allemagne durant la Première Guerre mondiale, l'industrie des jouets en fer-blanc se maintint en vie. Auparavant, les jouets en fer-blanc et en métal étaient fabriqués à Birmingham et Wolverhampton, mais

Page de gauche : *figurine sans marque représentant Charlie Chaplin, fabriquée en 1930. Vêtu d'habits de feutre, il avance en traînant les pieds de façon caractéristique, et en faisant tourner sa canne.*

Ci-contre : *connu sous le nom de* La Conquête du Nord *ce jouet a été inspiré par l'expédition de l'amiral américain Peary. Fabriqué en France en 1909 par Fernand Martin.*

Ci-dessous : *Quoiqu'appelé* Snoopy, *ce limier semble plus ancien que le personnage de bande dessinée. Il remue la queue en poursuivant sa proie.*

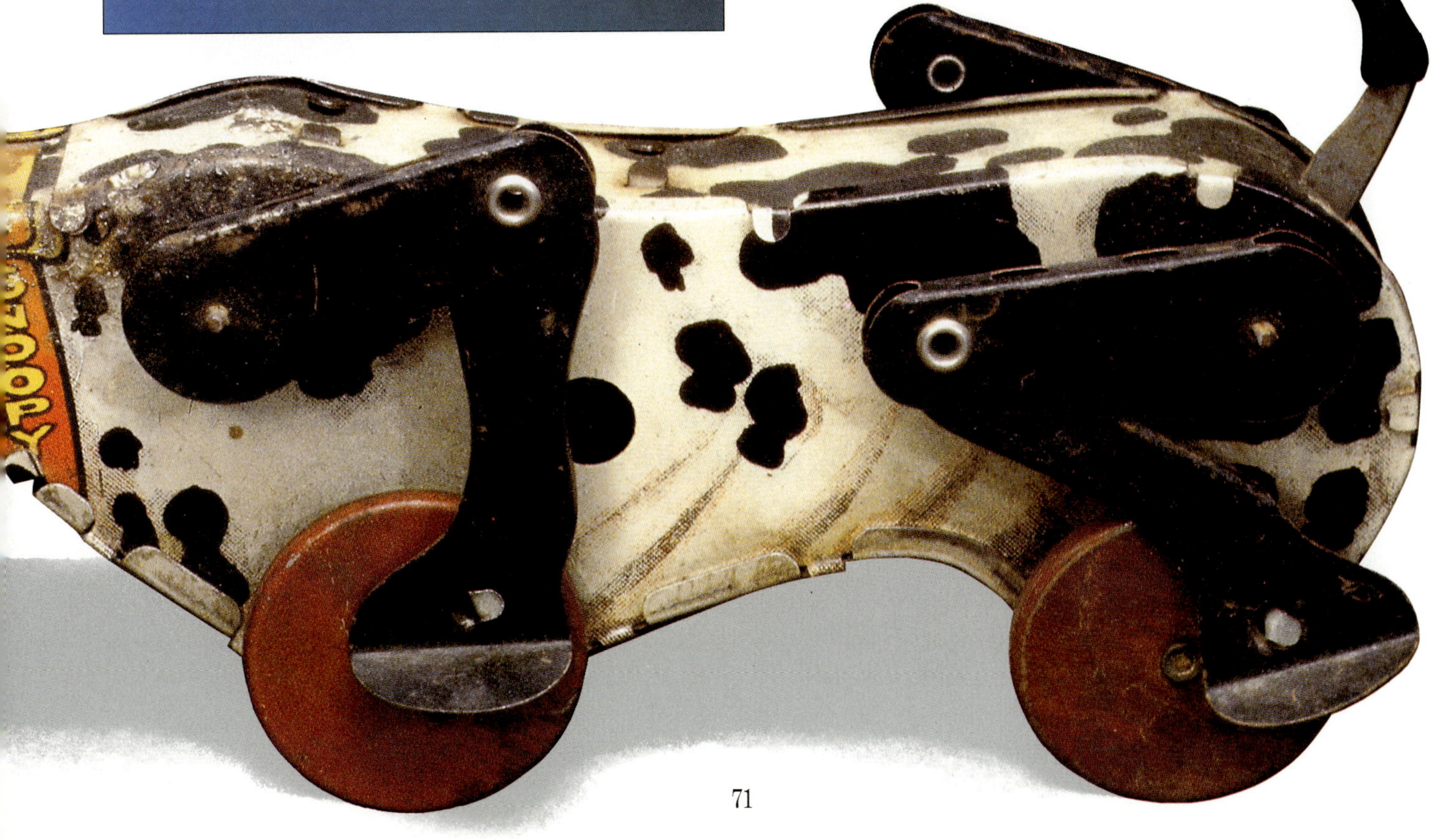

surtout pour les maisons de poupées, les petites cuisines et les jouets de bord de mer. William Britain, dans les années 1880, produisit quelques jouets en métal assez inventifs, comme une cavalière, qui sont très recherchés, mais la meilleure période pour le collectionneur se situe après 1930, quand des firmes telles que Wells, Hornby, Chad Valley et Mettoy étaient au sommet de leur production. James Norris, de Birmingham, était l'un des principaux fabricants de modèles réduits et de batteries de cuisine pour poupées, tandis que la Fancy Toy Company, située aussi dans cette même ville, se spécialisait dans les outils de jardinage en fer-blanc, et les moules pour les tourelles et les créneaux des châteaux de sable.

Les plus beaux ustensiles de cuisine en fer-blanc ont été réalisés en Allemagne par des firmes telles que Märklin, qui créa une série de cuisines fonctionnant au gaz ou à l'alcool, superbement finies et fonctionnelles. En comparaison, la production britannique n'était pas très excitante, et il fallut attendre les années 1930 pour que des articles bien finis et habilement conçus apparaissent en nombre. La qualité de l'impression anglaise sur le fer-blanc était bonne, comme le démontrent de belles boîtes à biscuits fabriquées avant 1910, mais ce savoir-faire n'a pas concerné immédiatement les jouets de transport. Certaines des plus belles petites voitures étaient fabriquées par Brimtoy, qui utilisait la colonne Nelson comme marque de fabrique. La firme fusionna plus tard avec Wells pour devenir Wells Brimtoy, principal fabricant anglais de jouets lithographiés jusqu'à la fin des années 1950.

Bien que beaucoup des véhicules fabriqués dans les années 1920 et 1930 paraissent légers et mal faits en comparaison avec les classiques produits allemands et français du début du siècle, ils ont maintenant leurs propres partisans. Mettoy, Tri-ang, Sutcliffe, Crescent Toys et Chad Valley, fabriquaient tous des modèles réduits de véhicules contemporains, brillamment colorés. Les jouets Tri-ang sont plus simples, sans la décoration qui rend si vivants les jouets Chad Valley, mais ils sont habituellement vernis.

Page de gauche : *datant des années 1930 et manifestement de fabrication anglaise, cette reproduction des gardes devant Buckingham Palace est bien lithographiée et solidement construite. Les soldats marchent entre les grilles et leurs guérites.*

À droite : *les personnages de Disney sont incontestablement des succès, avec les films pour enfants. Goofy jardinier, fabriqué en Angleterre par Marx dans les années 1950, est brillamment lithographié et marche en poussant sa brouette.*

Ci-dessous : *sans aucune marque, ce modèle d'un bus anglais de la Green Line représentait le summum du car de tourisme de luxe pour l'époque. Fabriqué dans les années 1930, il est actionné par un simple mécanisme.*

Les premiers fabricants américains de jouets en métal, comme les Anglais, se concentraient sur les batteries de cuisine et les jouets très simples ; la plupart des autres étaient encore importés d'Europe. L'industrie naissante se développa rapidement après 1840, en mettant l'accent sur la fonte. En comparaison, les Américains étaient en retard dans l'utilisation de la lithographie, et beaucoup des pièces faites dans les années 1880-1910 étaient peintes et décorées au pochoir de façon décevante et archaïque. L'industrie du jouet fit un bond après 1900, quoiqu'il n'y eût encore guère plus d'une centaine de fabricants. Après la Première Guerre mondiale, la production américaine augmenta de nouveau, et les jouets devinrent beaucoup plus inventifs. Des fabricants tels que Louis Marx se passionnaient pour les reproduction de personnages populaires de l'époque, comme Charlie MacCarthy, la marionnette d'un ventriloque, Donald Duck et Mickey Mouse, et chaque progrès dans les transports et l'aviation se retrouvaient dans des modèles réduits très précis.

La production de jouets en tôle, activité spécifiquement américaine, atteignit son apogée dans les années 1880. Des tirelires, des jouets à grelots, des véhicules hippomobiles, des traîneaux, des animaux et des caricatures d'hommes politiques, étaient tous créés en tôle, matière que l'on pouvait verser dans des moules très compliqués. La célébration du premier centenaire de l'Indépendance américaine, en 1876, déclencha une avalanche de jouets commémoratifs, y compris la Cloche du centenaire.

À cause de l'intérêt courant pour l'art primitif, les jouets américains sont devenus incroyablement populaires au niveau international, et les prix pour certaines des premières pièces, comme celles du carnet à dessins de George Brown en 1870, sont maintenant parmi les plus élevés. George W. Brown & Co.

À GAUCHE : *les meilleurs fabricants de jouets en fer-blanc, après la Seconde Guerre mondiale, étaient japonais. Cette Cadillac noire et cette Buick sont de grande taille et conformes aux voitures américaines de la fin des années 1950.*

CI-DESSOUS : *de ligne très simple et ne devant son charme qu'à la lithographie, cette camionnette de livraison Express Transport a été fabriqué par Wells, de Londres, en 1935.*

fut fondée en 1856 dans le Connecticut. Elle fusionna avec J. & E. Stephens en 1869, pour former la Stephens & Brown Manufacturing Company. Brown fabriquait beaucoup de bateaux, certains avec des roues, comme jouets à tirer. Ce fabricant prolifique et éclectique produisait des véhicules de livraison, des cages de cirque, des chevaux dans des cerceaux, des oiseaux se balançant dans de larges roues, des trains à tirer et de très élégantes voitures de pompier avec lances à incendie. On identifie les jouets de Brown soit par un label fixé sur les boîtes, soit par référence à son carnet à dessins.

Les jouets habilement conçus mais très légers, en fer-blanc lithographié, fabriqués par Louis Marx au XXe siècle sont en complet contraste avec les créations lourdes et primitives de George Brown, mais ils sont également typiques de leur période. Marx, né en 1894, travaillait à l'origine pour Ferdinand Strauss, un des grands fabricants américains de jouets mécaniques. Après une ascension rapide, de garçon de bureau à millionnaire, avant d'avoir 30 ans, Marx reprit plusieurs usines, et acquit les droits de certains produits de Strauss. Son but était de créer des jouets pour le grand public, qui demandait de la fantaisie à bas prix. Une des plus mémorables de ses créations est *Merrymakers Orchestra*, avec quatre souris autour d'un piano. En rachetant la plupart de ses concurrents dans les années 1930, Marx devint la plus grande fabrique de jouets du monde, se concentrant sur les articles fantaisie.

On retrouve une approche similaire du grand public dans les jouets faits au Japon, légers et brillamment colorés. Au début, les produits japonais étaient de pure imitation mais, après 1945, devinrent plus imaginatifs. Les mécanismes furent abandonnés au profit de moteurs électriques à piles, plus en rapport avec les fusées de l'ère spatiale et les véhicules lunaires. Certains des avions japonais sont superbes, complexes modèles réduits des progrès contemporains. De plus, une large gamme d'articles de fantaisie inonda les grands magasins, offrant aux enfants un choix allant de la coccinelle à l'hélicoptère. Parmi les jouets plus chers, on trouve des robots extrê-

ENCADRÉ EN HAUT À DROITE : *cette motocyclette de livraison inhabituelle est sans marque, mais ressemble à un jouet italien. Datant de la fin des années 1930, il est plaqué de nickel brillant, et le moteur mécanique, actionne par courroie les roues arrière.*

CI-CONTRE : *Gebrüder Märklin continuait à fabriquer d'excellents modèles de bateaux de guerre à grande échelle dans les années 1920. Cet exemplaire est électrique, il a trois hélices et un palan pour amener un hydravion sur l'eau.*

mement sophistiqués. Ils sont parmi les plus inventifs de tous les jouets modernes en fer-blanc, et atteignent progressivement des prix plus élevés, à mesure qu'augmente le nombre de leurs admirateurs. Les collectionneurs de robots les plus passionnés sont maintenant les Japonais, mais l'attrait des robots est en train de devenir international, et on commence à les voir dans les ventes aux enchères et les expositions spécialisées de jouets.

COMPRENDRE LE MARCHÉ

QUAND ON ACHÈTE UN ARTICLE RÉCENT en fer-blanc, que ce soit un robot ou un avion, il est judicieux de s'assurer qu'il fonctionne, car une grande partie de son charme dépend de l'ensemble de ses performances quant aux lumières, sons et mouvements. Les amateurs sont souvent surpris de se rendre compte que les collectionneurs de jouets anciens ne se soucient pas de savoir s'ils sont en état de marche. Pour le passionné, une auto avec une belle peinture originale et une finition extérieure réussie est bien préférable à une autre en état de marche mais écaillée ou cabossée.

Lorsque l'on commence à collectionner les jouets en métal, il est essentiel de faire attention aux parties remplacées ou réparées. Récemment, en raison de la grande habileté de certains restaurateurs, il est devenu de bon ton pour les vendeurs de clamer qu'un article repeint par un restaurateur hautement estimé est presque aussi bien qu'un article d'origine ; ce n'est évidemment pas vrai, car rien ne peut se comparer à la douce patine du temps. Même s'il est nécessaire de restaurer un jouet qui a perdu presque toute sa peinture d'origine, cela ne devrait être fait qu'en dernier ressort ; l'état d'origine est toujours préférable.

CI-DESSUS : pendant que les footballeurs courent, le ballon, qui renferme le moteur mécanique, roule d'un côté à l'autre. Marqué "fabriqué en Allemagne, zone américaine", le jouet date des années 1950.

CI-CONTRE : fabriquée par Johann Distler en 1925, cette limousine complète avec chauffeur était bon marché.

PAGE DE DROITE : cette voiture de course fantaisiste, américaine, a été fabriquée aux États-Unis par Marx dans les années 1930, et est lithographiée avec des couleurs criardes.

Remplacer des parties par des métaux non ferreux ou même du plastique, est aussi courant, et le collectionneur débutant doit examiner très soigneusement toutes les parties d'un jouet cher avant de l'acheter. Les marchands les plus réputés fournissent à leurs acheteurs une note détaillée indiquant l'état, l'âge et le fabricant. C'est dans les marchés de rue, les surplus ou les brocantes que l'on trouve le plus d'objets truqués à prix élevé, et de "mariages". Ce qui paraît être l'affaire du siècle se révèle être une habile maquette, réalisée avec des parties de plusieurs périodes, et même de véhicules complètement différents. Les marchands établis, les clubs de collectionneurs et quelques salles des ventes acceptent d'aider les nouveaux collectionneurs qui veulent réaliser des investissements. Ils sont conscients que les erreurs coûteuses dissuadent les gens de faire collection. Aussi est-ce leur intérêt d'offrir une certaine protection, jusqu'à ce que l'acheteur puisse se fier à son propre jugement.

Beaucoup de jouets anciens sont maintenant achetés sur listes ou sur catalogues de salles des ventes, dans lesquels quelques termes généraux sont utilisés pour décrire l'état. "Très bon" indique que la pièce n'a pas de défauts ni de bosses, quoiqu'elle puisse être légèrement décolorée ou patinée par l'âge. "Bon" signifie que la pièce est correcte mais pas superbe. "État d'usure" est un terme général qui peut inclure n'importe quoi, allant du jouet légèrement écaillé à celui qui a perdu toute sa peinture, ou aussi bien quelques parties ! Cette dernière catégorie est préférable pour le restaurateur, ou pour un collectionneur voulant se lancer dans la réparation d'un autre article. Comme la restauration peut être très chère, il vaut mieux pour le novice éviter les articles en très mauvaise condition. L'expression "état neuf et dans sa boîte" est utilisée occasionnellement pour les jouets en fer-blanc, mais est plus souvent réservée aux modèles en tôle d'une époque plus récente. Une pièce doit être parfaite pour être légitimement décrite ainsi.

Si un objet est acheté avec des documents, tels que les reçus originaux, ou une photo de l'objet avec son premier propriétaire, ils devront être soigneusement conservés. Les boîtes d'origine, même en très mauvais état, doivent aussi être gardées, d'autant qu'elles permettent souvent d'authentifier la date ou le fabri-

CI CONTRE : ce jouet de fantaisie, un "ramasseur de sable", a été fabriqué par Bing Werke en 1925. Quand on tourne la petite manivelle noire, une courroie entraîne la grande roue, de façon à ce que le bras prenne le sable depuis le plateau du dessus, et le jette sur le plan incliné à gauche, qui le renvoie dans le plateau.

PAGE DE DROITE, EN HAUT : belle voiture de pompiers à vapeur, fabriquée par Gebrüder Bing en 1905. La chaudière à alcool en cuivre a un niveau d'eau.

PAGE DE DROITE, EN BAS : rouleau compresseur à vapeur, de Gebrüder Bing. L'unique cylindre entraîne un volant pour maintenir la vitesse. Peint à la main, il est basé sur des prototypes allemands, rarement vus dans d'autres pays.

cant. Les jouets dans des boîtes attirantes, telles que celles qu'utilisaient Lehmann ou Martin, sont spécialement recherchés, et l'emballage d'origine ajoute à la valeur.

ENTRETIEN

AFIN DE GARDER les jouets en bon état, on doit les conserver dans un endroit à température constante. L'humidité est aussi un grand problème, car un environnement humide peut entraîner la prolifération de l'ennemi du collectionneur de jouets en métal : la rouille. C'est de loin le pire danger, car une fois que le processus de rouille a commencé, il est très difficile de l'arrêter, et l'oxydation peut abîmer la peinture.

Si les jouets sont exposés dans une salle de séjour, il est sage de les protéger de la poussière par des boîtes vitrées, dans lesquelles on peut cacher des sachets de produits absorbant l'humidité. Comme le soleil peut décolorer les peintures, les objets seront gardés dans la partie sombre de la salle. On peut aussi utiliser des rideaux en mousseline, qui filtrent les rayons ultra-violets, mais ils doivent être alors du type de ceux utilisés dans les musées. Même les jouets comparativement bon marché ont besoin d'être protégés, car un vrai collectionneur doit éviter toute détérioration tant qu'un objet est sous sa garde.

Tous les jouets ont besoin à l'occasion d'être époussetés, et on doit le faire avec un tissu très doux ou un petit pinceau. Il n'est pas judicieux d'utiliser des produits nettoyants, du savon ou de l'eau, qui altérerait graduellement la surface et entraînerait la rouille plus tard. Si un jouet est très sale, nettoyez-le doucement avec un peu d'huile de machine appliquée avec un tissu doux. La tentation peut être grande de polir ou cirer un jouet une fois qu'il est nettoyé, mais il faut y résister, car cela resterait à la surface et pourrait altérer l'aspect. Un jouet ancien ne doit pas avoir l'air de venir de sortir de l'usine. Si c'est le cas, il a probablement été trop nettoyé ou trop restauré.

Si la peinture d'un jouet est un peu écaillée, il vaut mieux ne pas y toucher, de peur de la détériorer encore plus. Il est préférable de laisser un jouet un peu abîmé, si vous voulez éventuellement le vendre. Pour la plupart, les collectionneurs aiment mieux superviser eux-mêmes la restauration. On peut aussi ignorer un mécanisme qui ne fonctionne pas, car essayer de le réparer provoque souvent la rupture des pattes de liaison en métal, ou des dégâts sur la peinture. Beaucoup de collectionneurs préfèrent un jouet qui ne marche pas à un jouet réparé par un amateur. Il vaut mieux utiliser de la colle pour faire tenir ensemble des parties, mais avec prudence car certaines colles peuvent abîmer la peinture.

LES MODÈLES RÉDUITS DE TRAINS

Comme type de transport, les trains ont immédiatement captivé l'attention du public d'une manière intense. Au début, les gens étaient effrayés par les avertissements sinistres sur les dommages que pourrait subir le corps humain, soumis à des vitesses excessives de plus de 45 km à l'heure. Mais assez rapidement, le romantisme du train surpassa la peur, et ce fut le début d'une histoire d'amour ininterrompue avec le chemin de fer.

Inévitablement, à l'âge d'or des fabricants de jouets en ferblanc, avant la Première Guerre mondiale, beaucoup de superbes modèles réduits furent produits dans les grandes usines de Nuremberg et Göppingen, mais, quoiqu'ils forment le centre de toute collection sérieuse, ils ne sont pas du tout les premiers.

En 1825, l'ouverture de la ligne allant de Stockport à Darlington fut le signal de départ d'une véritable ruée pour la construction de lignes à travers le monde, et les principaux événements étaient célébrés par beaucoup de fabricants de jouets traditionnels. Parmi les premiers, on trouve une représentation du premier train de la ligne de Nuremberg à Fürth, sous forme d'une silhouette plate, à la manière des premiers soldats de plomb. Il s'agit d'une locomotive tirant un tender et deux wagons de type diligence, avec un garde assis sur le toit du dernier wagon. Datant de 1835, il est dans la tradition des zoos et des jardins d'agrément apparus depuis la Régence, et c'était un jouet plus décoratif que pratique.

Les fabricants de jouets en bois vendaient aussi des représentations de trains, certaines complètes avec des rails en bois, et, même rudimentaires, elles donnent une idée du style des locomotives et du matériel roulant de l'époque. Les premiers modèles réduits à l'échelle étaient plus réalistes ; principalement produits par les fabricants d'instruments scientifiques, ils servaient souvent d'arguments de vente, ou de prototypes avant la production à l'échelle réelle. Ils sont si beaux et si rares qu'ils sont hors d'atteinte pour le collectionneur ordinaire.

Modèles mécaniques et à vapeur

Ce n'est qu'après la deuxième moitié du XIXe siècle que la production de modèles réduits de trains commence vraiment, avec des jouets fonctionnant soit mécaniquement soit à la vapeur. Bizarrement, beaucoup d'entre eux sont conçus rétrospectivement, car ils représentent des prototypes dépassés depuis trente ans, peut-être pour séduire les pères en leur rappelant leurs tendres souvenirs d'enfance.

Page de gauche : *wagon d'écartement 1 du* Kaiser Train, *le train de l'empereur d'Allemagne, fabriqué par Gebrüder Bing en 1902. Le toit à claire-voie s'ouvre pour révéler des tables et des chaises. Par le même fabricant, mais datant de 1895, locomotive 2-2-0 et tender, d'écartement 1.*

À droite : *également de Gebrüder Bing, wagon-lit d'écartement 1 de la* Compagnie Internationale des Wagons-lits, *peint à la main, excepté le lettrage doré imprimé par transfert.*

THE GREAT BEAR
111

Les modèles mécaniques les plus simples avaient un moteur dans une boîte centrale, et le train était tiré en rond au moyen d'un long bras en fer. Le *Rotary Railway Express*, est l'un des premiers trains en fer-blanc. De petite taille, il faisait seulement 4,5 cm de haut, et la locomotive, le tender et les deux wagons mesuraient en tout 30 cm de long. De semblables petits trains en fer-blanc, non prévus pour rouler sur des rails, étaient fabriqués surtout en France, pays dont la production de jouets en métal avait plus de succès, à l'époque, que celle de l'Allemagne. Pour la plupart, ces jouets n'avaient pas la moindre source d'énergie, et étaient de simples jouets à tirer.

Les premières locomotives étaient surtout propulsées par la vapeur sur des sortes de patins (non conçus pour aller sur des rails), et, à cause de la propension de leurs valeurs à perdre de l'eau, on les appelait les "baveuses de Birmingham". Beaucoup avaient à l'avant les roues non-motrices en position d'angle, de façon à ce que la locomotive tourne toujours en rond. Ces petites locomotives, propulsées par des brûleurs à alcool, représentaient un grand danger d'incendie, car elles étaient promptes à se retourner !

Les Anglais et les Français étaient parmi les plus célèbres fabricants de ce type de locomotive, et des firmes telles que Stevens Model Dockyard de Londres, et Clyde Model Dockyard, de Glasgow, étaient particulièrement connues dans ce domaine. Aucune des deux ne semble avoir été une très grande entreprise, et, même si leurs publicités proclamaient fièrement "notre propre fabrication", beaucoup de petits fabricants leur vendaient des pièces ou des modèles complets.

Une grande partie des plus anciennes sociétés fournissaient soit la locomotive complète, prête à fonctionner, soit l'ensemble des éléments, à assembler soi-même. Comme toujours, plus le modèle était cher, plus il était réaliste et minutieusement exécuté, sans que l'on puisse dire pour autant que ces jouets étaient de véritables modèles à l'échelle ; ils étaient simplement des représentations plus ou moins réalistes. Il n'y avait pas non plus, dans les premiers temps, d'effort fait pour standardiser

À GAUCHE : *très beau modèle réduit d'écartement 1, de la locomotive 4-6-2* The Great Bear, *de la compagnie Great Western, avec son tender à double boggie. À vapeur, c'est une reproduction relativement précise de son prototype.*

À GAUCHE : les collectionneurs cherchent toujours les exemplaires inhabituels. Ce wagon-citerne Rüdesheim pour le vin, d'écartement 1, a été fabriqué en 1910 par Gebrüder Märklin.

PAGE DE DROITE : simple locomotive mécanique, fabriquée par Hess en 1895, roule sur un rail dont les extrémités sont relevées. La même locomotive était vendue avec différents noms suivant le marché. Cet exemplaire semble avoir été emballé de façon incorrecte, car on voit "Philadelphia" sur la boîte, et "London" sur la locomotive.

les écartements ; les fabricants utilisaient simplement ce qui leur semblait raisonnable pour la taille du modèle.

Les locomotives sont classées d'après le nombre de roues, aussi bien pour les vraies que pour les modèles réduits. Le premier chiffre est celui du nombre des roues de tête, le second concerne les roues motrices, et le troisième les roues de remorque. Ainsi une locomotive 2-4-0 a deux roues de tête, quatre roues motrices et aucune de remorque. Très rarement, on rencontre sur les jouets un jeu supplémentaire de roues motrices, et la configuration s'écrit alors ainsi, par exemple : 0-6-6-0. En Europe, beaucoup de locomotives de la fin de la période victorienne étaient en fait de type 2-2-0, les roues de tête étant remarquablement petites, et, à cause de leur apparence, connues sous le nom de "pattes de cigogne".

Tous les premiers modèles n'étaient pas rudimentaires. Newton and Co., de Londres, fabriquait d'excellents modèles, faits presque entièrement de cuivre non peint, avec de l'ébène pour les tampons. Primitivement, Newton fabricant d'instruments scientifiques, ne réalisait des modèles réduits que sur commande, et son travail est beaucoup plus beau que ce que l'on trouve normalement chez Dockyard.

Un autre fabricant anglais d'instruments qui produisait de très beaux modèles réduits était H. J. Wood, père de Sir Henry Wood. Ses trains étaient de véritables reproductions, et non de simples jouets.

C'est seulement à la fin du XIXe siècle qu'une révolution dans les modèles réduits de trains les rendit vraiment accessibles à un large public. À la Foire de printemps de Leipzig, en 1891, la société Märklin montra pour la première fois des trains fabriqués avec un système standard d'écartement, de 1 à 4.

La taille du système de chemin de fer, qu'elle soit en taille réelle ou en miniature, s'exprime en termes de largeur de voie, ce qui, en Allemagne, se mesurait jusqu'en 1930 à partir du centre de la tête de ligne ; après cette date, par un accord international, on la mesure à partir du bord intérieur des rails, ce qui fait une différence d'environ 3 mm. Un motif de confusion supplémentaire était que, pendant longtemps, il n'y eut pas d'accord entre les fabricants sur l'écartement auquel correspondait un nombre donné : ainsi l'écartement 4 de Bing est égal à l'écartement 3 de Märklin. Quand on fabriqua, plus tard, des modèles plus petits, l'écartement en dessous du 1 devint logiquement le 0, et encore plus tard, le demi-écartement devint 00 ou H0. Toujours plus de miniaturisation vit la fin de la première norme numérique, et les plus petites tailles sont maintenant appelées "N".

Les trains de la dernière partie du XIXe siècle, même ceux réalisés par les plus grands fabricants, sont étonnamment rudimentaires, les versions mécaniques n'étant rien de plus que des esquisses de prototypes. Les roues paraissent grandes et lourdes, le matériel roulant est en fer-blanc simplement

PHILADELPHIA
D.R.P.
LONDON
D.R.P.
N°39046.

CI-DESSOUS : *Jean Schoenner fabriquait en Allemagne de très beaux modèles réduits de trains, de grande taille. Cette locomotive 4-4-0 à vapeur, d'écartement 3, représente le* Coupe Vent *du P.L.M. Fabriquée en 1900, elle doit son nom à la forme de la cheminée et à l'avant de la chaudière.*

estampé, et peint à la main ; uniquement le charme de ces pièces réside dans leur caractère primitif. Ils étaient, naturellement, destinés à la classe ouvrière ou aux classes moyennes, qui n'avaient ni l'espace chez eux, ni l'argent pour acheter les locomotives à vapeur de grande taille (leur prix était parfois supérieur au gain annuel d'un travailleur manuel).

Parmi les meilleurs, et les plus recherchés, des fabricants allemands de la fin du XIXe siècle, on trouve Jean Schoenner, dont l'usine à Nuremberg ouvrit en 1875. Sa production resta faible, mais il fabriqua certaines des locomotives les plus impressionnantes, dans un mélange de fer-blanc et de cuivre. La plus remarquable est peut-être un grand modèle d'écartement 13,7 cm, le *Luitpold*, présenté à l'Exposition de Paris de 1900. La locomotive 4-4-0, du *Bavarian State Railways*, qui mesure 39 cm de haut et 98 cm de long, est suffisamment grande pour avoir un luxe de détails, et le travail est plus fin que ce que l'on

PAGE DE DROITE, EN HAUT : *il n'y a pas de beau train sans un tableau des destinations, comme par exemple ce beau modèle de Märklin, fait en 1910. On trouve les noms de grandes villes de l'Europe continentale.*

PAGE DE DROITE, EN BAS : *wagon* Royal Mail *de* Hornby Dublo. *Quand la voiture postale passait sur un interrupteur situé sur le côté du rail, les portes s'ouvraient pour ramasser un sac de courrier.*

trouve chez les autres fabricants de l'époque. Cette locomotive était à l'évidence une pièce spéciale d'exposition, mais les exemplaires plus accessibles de Schoenner, souvent vendus en Angleterre par l'intermédiaire de la société Bassett-Lowke, étaient aussi extrêmement soignés et certains ne sont pas encore arrivés sur le marché, quoique connus d'après les catalogues.

Bassett-Lowke revendait aussi les produits d'autres fabricants allemands, particulièrement Georges Carette, le Français installé à Nuremberg. Carette fut peut-être le premier des fabricants de jouets à produire des modèles relativement fidèles à leurs prototypes. Un des premiers fut la *Lady of the Lake*, une locomotive 2-2-2 (ce qui était inhabituel) de la Great Northern Railways, avec de très grandes roues motrices. Elle apparaît dans les catalogues vers 1900. Du fait de la précision des modèles réduits et de la vie relativement courte de la société, les pièces de Carette atteignent toujours des prix élevés.

La richesse de la Grande-Bretagne conduisit la plupart des grands fabricants de jouets allemands à concentrer leurs efforts commerciaux sur ce pays, sans ignorer les États-Unis, à la fois comme zone de vente et source de prototypes. Les plans américains plaisaient des deux côtés de l'Atlantique. Le catalogue de 1904 de Bassett-Lowke, par exemple, montre un modèle réduit, fait par Carette, de la *Vaucan*, à l'époque une des plus fameuses locomotives américaines, qui circulait pour la New York Central Railway. De même que beaucoup d'autres modèles de l'époque,

on la trouvait en version mécanique, ou à vapeur. Pour les Anglais, elle avait l'attrait de la nouveauté, avec des accessoires aussi exotiques que des chasse-pierres, en comparaison des autres modèles plus familiers.

La collaboration la plus célèbre entre Nuremberg et la Grande-Bretagne fut sans doute celle entre Bing et Bassett-Lowke. Stefan Bing rencontra l'homme d'affaires américain à l'Exposition de Paris de 1900, et peu après les locomotives et le matériel roulant de Bing se retrouvèrent dans le catalogue de Bassett-Lowke. Un des premiers résultats (et le plus connu) de cette collaboration fut la locomotive 4-4-0 de la North Western Railway's, le *Black Prince*. Le travail de Bing était invariablement plus lourd et moins détaillé que celui de ses principaux concurrents, mais la production de l'usine était si grande que l'on trouve plus facilement des produits de cette firme que d'autres, à l'exception peut-être de Märklin.

Vers 1900, et dans les années précédant la Première Guerre mondiale, Märklin produisit une grande quantité d'excellents modèles réduits, basés sur les prototypes du monde entier, qu'il obtenait dans les ventes internationales. Märklin ne concurrençait pas le meilleur du travail de Jean Schoenner ou de Georges Carette, mais poursuivait une constante politique d'excellence et de réalisme, qui le mettait à même de dominer le marché mondial, et ses premiers travaux se vendent encore à des prix élevés. Dans cette première période, Märklin attachait surtout de l'importance aux écartements 1 ou plus grand, comme la plupart des autres fabricants européens. L'écartement 0 n'apparut vraiment que pendant la période de l'entre-deux-guerres.

Le chemin de fer pouvait inspirer de terrifiants articles aux journaux quand il se produisait des accidents, et il y en eut plusieurs de spectaculaires au début du siècle. Les enfants prenaient plaisir à mettre en place de telles catastrophes pour eux-mêmes, grâce à Märklin, qui produisait un train complet, se désintégrant sous le choc. Des ressorts éjectaient les côtés et les toits des wagons, et seuls les corps déchiquetés manquaient totalement de réalisme.

De petits trains rudimentaires étaient aussi produits par Hess, surtout à très petite échelle, actionnés soit par un mécanisme soit par un volant, ou sans source d'énergie du tout. Ils étaient brillamment lithographiés, en opposition avec la peinture à la main courante sur les jouets de qualité, et étaient faits pour glisser sur le sol. Bon marché et amusants, ils faisaient plus office de cadeaux de Noël, que des vrais modèles réduits.

Ernst Planck, de Nuremberg, firme spécialisée dans les jouets scientifiques comme les projecteurs, les lanternes magiques et les moteurs fixes, fabriqua nombre de trains. Plutôt rudimentaires, aussi bien dans l'échelle que dans la finition, ils étaient caractérisés par de grandes roues grossières avec de profonds patins. Intéressants à cause de leur rareté, leur manque de finition les empêche d'atteindre les prix élevés des modèles d'autres fabricants, plus communs mais mieux faits.

En Angleterre, les premières années furent dominées par Bassett-Lowke, qui importait la plus grande partie de son stock, mais avait une capacité de production qui fournissait principalement les grands écartements, les modèles bien conçus. La production de la firme augmenta après la Première Guerre mondiale, quand, malgré la cessation d'activité de Carette en 1917, elle obtint mystérieusement les matrices de cette société, et put ainsi continuer à fabriquer les modèles qui venaient auparavant d'Allemagne. De la même façon, après que la famille Bing ait perdu le contrôle de sa société et fui l'Allemagne nazie, Bassett-Lowke l'aida à installer l'English Trix Company, qui produisait des trains modèles réduits du plus petit écartement.

PAGE DE GAUCHE : *groupe de locomotives et d'accessoires d'écartement 0, fabriqués par Märklin dans les années 1930. En haut, on trouve le* Hamburg Flyer, *au milieu* Der Adler, *réalisé pour commémorer le centenaire de l'ouverture de la première ligne allemande en 1835, et en bas, la* Merchant Tailors *4-4-0, électrique, de Southern Railways.*

CI-CONTRE : *l'originale* Dame du lac, *locomotive 4-2-2 de la Great Northern Railway, est caractérisée par ses grandes roues motrices. C'est l'une des premières interprétations réalistes de prototypes, elle a été fabriquée par Georges Carette, de Nuremberg.*

***Ci-dessous :** les premiers modèles étaient souvent simples et rudimentaires, spécialement quand ils étaient prévus pour être vendus bon marché. Ce train, approximativement d'écartement 00, a été fabriqué en 1910 par Gebrüder Bing.*

Après la Première Guerre mondiale, beaucoup de gens considéraient comme un manque de patriotisme le fait d'acheter des jouets allemands. Une brèche s'ouvrait dans le marché, et pour la combler, Hornby, qui auparavant ne faisait que les boîtes de Meccano, commença à fabriquer des trains. Les premiers étaient d'écartement 0 et quelques excellents modèles apparurent, tels que la *Princesse Elizabeth* 4-6-2. Hornby acquit rapidement une position dominante sur le marché britannique, de sorte que leur nom est presque devenu synonyme de trains modèles réduits. Ils firent aussi une première entrée sur le marché européen, établissant leurs moyens de fabrication français avant le début de la Seconde Guerre mondiale. Leur gamme était large, allant des locomotives mécaniques simples et bon marché, aux représentations sophistiquées et raisonnablement précises de locomotives de grandes lignes, telles que la *Princesse Elizabeth* de la Midland Railways, propulsée à l'électricité, qui fut fabriquée de 1937 à 1939.

***Page de droite :** la firme parisienne de Charles Rossignol se spécialisait dans la fabrication de jouets fragiles mais plaisants, tels que cette locomotive mécanique de plancher, 0-6-0. Originellement brillante, la peinture a vieilli.*

L'ÈRE DE L'ÉLECTRICITÉ

BIEN QUE L'ÉNERGIE ÉLECTRIQUE fût utilisée dès 1880 par Ernst Planck, qui exposa le système à la Bavarian Trades

M.
R.
FIRST
THIRD

Exhibition de 1882, on n'a pas encore trouvé d'exemplaires de cette première période. Parmi les premiers producteurs commerciaux de trains électriques, on trouve la firme américaine Voltamp, qui les commercialisait depuis 1890. En Europe, il fallut attendre encore dix ans pour les voir sur le marché, quand les principaux fabricants furent tous presque forcés d'offrir l'électricité comme alternative aux modèles mécaniques ou à vapeur. À cause de la difficulté à produire un transformateur satisfaisant pour convertir le courant alternatif de haute tension directement en basse tension, et aussi du fait de réglementations gouvernementales rigoureuses, la méthode ne fut généralement pas acceptée en Grande-Bretagne avant les années 1920.

Les plus petites maisons construites après la Première Guerre mondiale forcèrent les fabricants de trains à réexaminer le marché. Bassett-Lowke était à nouveau au premier plan, persuadant Bing de produire le premier "train de table", à la moitié de l'écartement 0, connu sous la norme H0, ou 00. En fait, ceci devint pratiquement la norme, et maintenant, peu de fabricants produisent des modèles au-dessus de cette taille.

Aux États-Unis, le marché était fourni au départ par les fabricants locaux, qui travaillaient surtout en écartement 1, ou plus grand. Un des premiers fut Eugene Beggs, du New Jersey, qui obtint en 1875 un brevet pour une locomotive en fonte. Pour compenser le poids accru, son matériel roulant avait des structures en carton, recouvert de papier lithographié. Ces jouets colorés, mais nécessairement fragiles, sont maintenant avidement recherchés, mais on en trouve très peu. La firme ne dura pas longtemps, et cessa toute activité en 1906.

Les jouets en fer-blanc étaient faits à Forestville, dans le Connecticut, centre de l'industrie horlogère, et où George W. Brown produisit les premières locomotives américaines en fer-blanc, ce dernier, de même que les fabricants européens, fabriquait beaucoup de jouets autres que les trains. Dans les années 1870, il y eut une production de modèles à plutôt grande échelle, et, si certains étaient mécaniques, la

PAGE DE GAUCHE : *Hornby Dublo a immédiatement tiré parti des développements du rail. Cette locomotive diesel British Railways fabriquée pour partie en plastique date de la fin des années 1950.*

plupart étaient simplement à tirer, et presque tous étaient des "trains de plancher".

Le nom le plus fameux de l'histoire américaine des petits trains, est celui d'Edward R. Ives, qui fonda son usine en 1868 à Plymouth dans le Connecticut, pour aller deux ans plus tard à Bridgeport. Le slogan de la société "Ives Toys make Happy Boys" (les jouets Ives font les garçons heureux), ressortait de façon évidente dans leurs publicités. Pour un temps, la société eut aux États-Unis la même place prédominante qui était celle de Hornby en Grande-Bretagne, mais Ives fut une victime précoce de la Grande Dépression, tombant dans des difficultés financières qui le menèrent à la faillite en 1928. Ives réalisait une grande variété de trains et en 1910, la firme produisit le premier train électrique d'écartement 0 des États-Unis.

Bien que le nom d'Ives continuât un certain temps après la faillite, en 1933 la société fut absorbée par Lionel, société fondée en 1906 à New York, qui avait imposé son propre style,

CI-DESSUS : *le réalisme des locomotives et du matériel roulant anglais de Hornby Dublo a été renforcé par l'utilisation de la tôle. Cette locomotive 0-6-0 date des années 1950 et fait partie d'un train de marchandises de la British Railways.*

CI-DESSUS : *dans tous les pays, les fabricants produisaient du matériel roulant adapté au pays de vente. Ce wagon à bagages, de la New York Central Railway, comprend une partie pour le gardien avec un bureau et une chaise, ainsi qu'une cuisine avec un buffet et un poêle. D'écartement 1, il a été fabriqué par Bing Werke en 1925.*

allant jusqu'à utiliser une taille non standardisée. Légèrement plus large que l'écartement normal de 2, elle fut promue sous le nom de : "Écartement standard américain". Pour la société, l'avantage était que seuls son matériel roulant et ses accessoires pouvaient circuler sur le système, assurant une fidélité à la marque après le premier achat. Plus grand que la plupart de ses concurrents, un train Lionel des années 1930, avec sa carrosserie profilée couleur argent, est une évocation élégante de la grande époque du chemin de fer américain.

Le troisième géant de la scène américaine était American Flyer, qui commença la commercialisation au début du XXe siècle. L'accent était surtout mis sur l'écartement 0, et la gamme était presque entièrement basée sur les prototypes américains, même si il y eut un essai de courte durée, pendant les années 1920, pour rentrer dans le marché anglais avec une locomotive mécanique en fonte. Pour son marché intérieur, la société produisait surtout des trains électriques, et on trouve rarement en Europe.

PAGE DE DROITE : *simple locomotive* King George V *d'écartement 0, faite en 1912 par Gebrüder Bing. La locomotive 2-4-0, bien que solide, manque des beaux détails des plus grands modèles.*

MATÉRIEL ROULANT ET ACCESSOIRES

INÉVITABLEMENT, LES COLLECTIONNEURS S'INTÉRESSENT davantage aux locomotives, mais une grande part du charme des petits trains réside dans le matériel roulant : là, la variété est plus grande que dans les locomotives elles-mêmes. Depuis le tout début, les fabricants ont fourni tout ce qui était nécessaire pour compléter les trains : voitures pour les voyageurs, wagons de marchandises, fourgons du chef de train, et même grues mobiles.

Les premiers modèles commerciaux du matériel roulant furent principalement les voitures réservées aux passagers, et, comme les locomotives, elles étaient assez rudimentaires, en fer-blanc simplement estampées, et peintes à la main dans les couleurs appropriées, avec des espaces vides laissés pour les fenêtres. À mesure que l'ensemble devenait plus sophistiqué, les wagons faisaient de même. Dans les premières années du XXe siècle, on pouvait trouver des ensembles déconcertants, avec beaucoup de détails. Ils étaient encore peu fidèles, mais plus réussis que les simples dessins fournis au départ. Les wagons basés sur les prototypes continentaux sont particulièrement intéressants, comme le *Swiss Gallery Carriage*, qui avait une plateforme d'observation le long du wagon, des contre-rails ornés de filigranes gothiques, et de lourdes moulures aux piliers soutenant le toit. Produit par Märklin de 1909 à 1920, il a ouvert les portes du succès aux compartiments. Les passagers pouvaient être achetés séparément pour compléter la scène.

La recherche pour accroître le réalisme conduisit à l'introduction de voitures avec des portes ouvrantes, des fenêtres vitrifiées avec du mica, et des sièges dans les compartiments. Afin que les passagers puissent être assis solidement quand le train bougeait, Märklin et Bing placèrent des pointes sur les sièges, et les personnages en composition avaient des trous correspondants qui permettaient de les fixer. Les passagers de Carette, eux, avaient la pointe fixée sur eux, moyen rapide d'identifier quelques personnages ou voitures sans marques.

Ci-dessous : fait en 1898, ce rare ensemble anglais d'un débarquement naval comprend huit matelots en train de courir, un second maître avec l'épée tirée, un canon et un avant-train.

mais il leur manque les détails compliqués et le travail de peinture réalisés sur les plats. À la fin du XIXe siècle, le moulage en creux permit de créer des figurines rondes avec des uniformes réalistes, des équipements et de délicats chevaux caracolant. Ce sont des modèles de ce type que l'on recherche le plus largement maintenant, surtout ceux fabriqués par William Britain, la firme anglaise qui mettait l'accent sur la précision du costume.

En dépit des prix élevés qu'atteignent actuellement les moulages en creux britanniques, les grands soldats plats faits par les firmes allemandes telles que Hilpert révèlent plus de sens artistique dans leurs détails compliqués et habilement colorés. Les premiers soldats allemands en métal dont on se souvienne datent du XIIIe siècle ; la production commerciale commença en 1578. On pense que les dessins des premiers soldats étaient basés sur les militaires représentés dans les gravures sur bois. À la fin du XVIIe siècle, il y eut des feuilles imprimées spéciales, montrant les uniformes des soldats combattant dans les campagnes spécifiques, et cela fournissait d'excellents détails aux artisans, qui travaillaient parfois dans des zones éloignées.

Les moulages en deux parties pour les soldats plats étaient faits d'ardoise, de pierre ou de bois, mais le fabricant français Mignot utilisait du bronze. Les traits généraux des figures étaient creusés, puis les petits détails incisés avec de délicats outils pour la gravure à l'eau-forte. On découpait aussi un canal liquide et des chevilles liaient ensemble les deux faces du moule. Le métal en fusion, suivant la formule secrète du fabricant, était ensuite versé dans le moule préchauffé. Comme le fer-blanc pur se désintègre et est très fragile, on ajoutait environ 40 % de plomb, ainsi que de l'antimoine et du bismuth.

Page de droite, en haut : large gamme de soldats, cow-boys, Indiens, Arabes et commerçants, en métal. Ils continuent d'être fabriqués par C.B.G., les successeurs de la firme française Mignot.

Page de droite, en bas : les soldats en bois de la région de Berchtesgaten en Allemagne représentaient de nombreux aspects de la vie militaire. Ce groupe d'artillerie est encore dans sa boîte en bois d'origine, et date du milieu du XIXe siècle.

Les soldats plats que l'on recherche aujourd'hui sont évalués en fonction de la qualité des détails gravés, du brio de la silhouette et de l'habileté du peintre. Quelques figurines sont de petits chefs-d'œuvre, avec une présence et beaucoup de caractère ; d'autres sont raides et prosaïques. Comme dans tous les domaines de collections de soldats, on préfère les ensembles dans leur boîte ; celles qui contenaient les soldats plats sont particulièrement prisées, car elles sont décorées avec les médailles gagnées aux différentes expositions.

Les premiers grands fabricants de soldats plats en fer-blanc furent la famille Hilpert (1720-1822). Comme la plupart des fabricants de soldats, les Hilpert fabriquaient des pièces ornementales pour les adultes, notamment de beaux jeux d'échecs. Certains des jouets mis en scène, tels qu'une chasse au sanglier ou un portrait de Frédéric le Grand à cheval, sont si bien exécutés qu'ils sont maintenant classés comme œuvres d'art populaire. Leurs régiments de soldats étaient exportés jusqu'aux États-Unis, et restent les meilleurs du genre.

La production allemande de soldats en fer-blanc atteignit son apogée au milieu du XIXe siècle. Les guerres napoléoniennes ont inspiré une avalanche de batailles de table dans les chambres d'enfants européennes, et les fabricants de jouets se régalaient à sortir par milliers des combattants vêtus de couleurs vives. Le plus prolifique des fabricants allemands fut Ernst Heinrichsen, qui, en 1850, décida de se concentrer sur la taille de 30 mm, que l'on accepte

CI-DESSOUS : fanfare de la police des Bahamas, *de William Britain. Très rare, elle atteint des prix élevés aux enchères.*

À DROITE : deux ensembles, dans leurs boîtes, de soldats montés, de la période de la Guerre des Boers, fabriqués par William Britain. La boîte de la garde impériale est datée du 1er juin 1900.

maintenant comme "l'échelle de Nuremberg". Heinrichsen dépeignait des batailles de toutes les époques, y compris celles de l'Antiquité classique, les croisades et la guerre de Crimée.

En dehors des fameux Hilpert et Heinrichsen, il y eut beaucoup d'autres fabricants de soldats plats, installés à Berlin, Gotha, Luneberg, Diessen et Potsdam. Malheureusement, les soldats ne sont pas marqués, et on ne peut les évaluer que d'après leur apparence. Un petit nombre des boîtes originales porte le nom du fabricant, mais la plupart montre simplement des séries de médailles. Les soldats étaient initialement vendus au poids plutôt qu'à la quantité, et la plus petite boîte pesait 115 g. Certaines des plus grandes boîtes, contenant des figurines pour une bataille complète, étaient vendues avec des cartes et des instructions.

Une parmi les peu nombreuses firmes allemandes qui produit encore est Babette Schweitzer, entreprise qui crée à la fois des articles décoratifs et des jouets pour l'exportation dans le monde entier. D'autres fabricants, plus petits, fournissent des soldats et des décors en nombre limité pour le marché des collectionneurs. Il y a aussi quelque fabrication de figurines non peintes.

MOULAGE EN CREUX, ET MODÈLES SEMI-SOLIDES

ON PENSE QUE les premiers soldats solides et semi-solides ont leur origine en Allemagne, où Georg Heyde, de Dresde, était le plus fameux fabricant. Heyde commença à produire en 1840, et se concentra principalement sur les parades et les batailles vendues en boîte. Les modèles de la firme étaient faits en plusieurs parties, de façon à être adaptés à la demande. Les têtes étaient tenues en place

PAGE DE GAUCHE : Britain fabriquait des régiments de tout l'Empire britannique. Cet ensemble du 1er Lancier de Bombay, comprend sept cavaliers avec des lances, deux officiers avec des épées. Il date de la fin des années 1800.

CI-DESSOUS : *les ensembles en boîte attirent toujours l'intérêt, mais cette fanfare des Marines américains, fabriqué par William Britain, est spécialement tentante, car les pièces n'ont jamais été sorties de la boîte.*

et les cavaliers fixés à leurs selles par des chevilles. Des scènes de bataille, des groupes classiques, des Indiens d'Amérique, et tous les régiments d'Europe, étaient faits en différentes tailles, que ce soit en modèles semi-solides ou moulés en creux. Avant 1900, la plupart des enfants anglais et américains jouaient avec des soldats produits par Heyde, mais leur manque complet de réalisme leur fit perdre la bataille des ventes après 1900.

La fabrication française de petits soldats ne fut jamais aussi importante que celle de l'Allemagne, mais produisit quelques beaux modèles, surtout Lucotte, qui commença à produire à la fin du XVIIIe siècle. Plus tard, les figurines avec la marque Lucotte portèrent les initiales "LC", ainsi que l'abeille impériale. Les modèles de Lucotte furent finalement repris par l'usine plus importante de Mignot, qui commença à produire en 1825. La marque de Mignot, "CBG" vient des initiales de Cuperly, Blondel et Gerbeau, les trois fondateurs. Les soldats de Mignot faisaient de 5 à 6 cm de haut, et représentaient principalement l'armée française.

Mignot travailla dans les mêmes ateliers parisiens jusqu'aux années 1980, où quatorze ouvriers étaient employés à la fabrication de figurines peintes à la main. Pendant son siècle et demi de production, CBG Mignot assembla un stock de près de trois mille moules pour des figurines rondes et demi-rondes, et huit cents moules pour les soldats plats, en plus desquels il acquit les modèles de Lucotte. Leur catalogue de 1983 montrait des figu-

PAGE DE DROITE, EN HAUT : *rare ensemble en boîte de fusiliers royaux, fabriqué en 1895 par William Britain. On trouve rarement ces ensembles avec leur emballage d'origine intact.*

PAGE DE DROITE, EN BAS : *tous les soldats n'étaient pas forcément en uniforme. Ici, ce groupe de soldats des deux guerres sont tous en kaki. Le lot comprend aussi des projecteurs, des postes d'écoute, et un poste de premier secours.*

Best Quality English Make
ROYAL FUSILIERS
MANUFACTURED BY
LONDON

***CI-DESSUS :** les artilliers royaux montés, vêtus de kaki et portant des casques d'acier est une variante inhabituelle de la version plus normale en grande tenue. Fabriqué par William Britain en 1920, l'ensemble attire fortement l'intérêt des collectionneurs.*

rines de l'histoire militaire française, comprenant la guerre de l'indépendance de l'Algérie, la Première Guerre mondiale et la campagne d'Égypte de Napoléon. Lucotte produisait en permanence des boîtes de séries coûteuses, avec des scènes de la Guerre des Gaules montrant tous les aspects de la vie militaire, y compris un soldat romain poursuivant une Gauloise, les cuisines de l'armée, les hôpitaux de campagne et des hommes coupant du bois ou cuisinant. Pour rendre ces scènes plus réalistes, il y avait des béliers, des échelles, et des chariots de ravitaillement tirés par des chevaux et des bœufs.

C'est en Grande-Bretagne qu'apparurent les soldats les plus réalistes, à la demande des enfants et des passionnés de jeux de guerre : la production anglaise de jouets n'avait jamais été comparable à celle de l'Allemagne et de la France, mais, à la fin du XIXe siècle, certains fabricants s'efforcèrent de conquérir une part plus large du marché. William Britain (1828-1906) fabriqua

***CI-DESSOUS :** avant la Première Guerre mondiale, William Britain fabriquait des figurines des armées étrangères. Les Lanciers de l'armée austro-hongroise que l'on voit ici sont pourtant moins caractéristiques que les figurines de l'armée britannique de la firme.*

quantité de jouets et de pièces d'exposition que l'on pourrait presque qualifier d'automates. Son fils aîné inventa un procédé de moulage en creux, qui révolutionna la production.

Les premiers soldats anglais apparurent sur le marché en 1893, et le succès du projet fut assuré lorsque Gamages, le magasin londonien qui vendait des jouets par correspondance dans le monde entier, les commercialisa en tant que "fabrication anglaise". C'était un stratagème de vente bien utile à l'époque de l'Empire, à tel point qu'un sentiment anti-allemand se fit jour juste avant la Première Guerre mondiale.

Les figurines moulées en creux, de taille standard, étaient idéales pour les jeux de guerre : les hommes faisaient tous 54 mm de haut, avec leur équipement et leurs chevaux. La précision de l'uniforme était spécialement importante, caractéristique qui avait toujours manqué aux petits soldats allemands de couleurs vives. Les premiers à être commercialisés furent les gardes du corps royaux, avec un officier et quatre soldats de cavalerie, suivis par des sujets tels que la Cavalerie des Boers, la Garde du 5e Dragon, et les fusiliers royaux.

Le rouge brillant, presque semblable à de la laque, caractéristique des boîtes utilisées par Britain, enthousiasmait ceux qui les recevaient en cadeaux depuis leur première apparition sous les arbres de Noël, et ses soldats dans leur emballage d'origine sont les plus convoités par les collectionneurs. Les premières boîtes spéciales d'exposition se vendirent à partir de 1894, et elles étaient très chères, car quatre ensembles les composaient. Dans une revue d'octobre 1895, *Athletic Sports, Games and Toys*

(athlétisme, jeux et jouets), un journaliste reportait que la firme avait déjà placé sur le marché plus de vingt ensembles de soldats des régiments de l'armée anglaise, et qu'on devait ajouter à la liste l'Artillerie royale montée, la fanfare du régiment, et le Full Band of the Coldstream Guards.

La publicité anglaise clamait que ces petits soldats étaient produits entièrement par le travail anglais, et qu'on utilisait pour leur décoration uniquement des vernis et des peintures sans danger. Certaines des grandes boîtes de présentation étaient très chères, et renfermaient deux plateaux pour l'exposition de 275 pièces de cavalerie et d'infanterie. En plus des

Ci-dessus : *ces soldats d'infanterie (jouets en bois) viennent d'un lot en boîte comprenant un officier et un joueur de tambour. Ils ont été réalisés en Allemagne dans la région d'Erzebirge dans les années 1870.*

À gauche : *groupe de soldats "plats" finement détaillés, représentant la cavalerie allemande, des années 1840. Ils sont du type de ceux que l'on fabriquait en Allemagne au XIXe siècle, mais sans leurs boîtes d'origine, on ne peut les identifier.*

N.S.D.A.P.
IIA-19357

ensembles de soldats, on trouvait une ambulance tirée par des chevaux du corps médical royal et des scènes de trains avec des voyageurs et leurs bagages.

Les armées étrangères : infanterie japonaise, lanciers austro-hongrois, et infanterie américaine, étaient vendues en boîtes attractives. Les Peaux-Rouges, l'armée allemande, les cavaliers arabes, la seconde infanterie de Bombay et les fusiliers de Gurkha, apparurent tous dans les premières années de production. Des titres tels que : "Dr Jameson et l'infanterie montée africaine", "infanterie turque", et "Zoulous, guerriers sauvages d'Afrique", évoquent tous le passé, et sont collectionnés aussi bien par les militaires que par les amateurs de jouets.

La précision était le souci prédominant de Britain. En 1900, un client se plaignit que le régiment de fusiliers était moulé avec le fusil sur l'épaule, au lieu qu'il soit en position de repos, et ceci fut corrigé dans les séries suivantes. Après la Seconde Guerre mondiale, un colonel américain écrivit pour signaler que les têtes de lances de la marine américaine étaient en argent, et non en or, et ce fut de suite corrigé. La société ayant produit des jouets sur une longue période, il y a abondance de matériaux pour les collectionneurs, et la gamme de prix est très large. Usées ou légèrement abîmées, les figurines individuelles peuvent encore être achetées pour presque rien, tandis qu'un ensemble de 1893 des gardes royaux écossais montés, en boîte d'origine, peut valoir très cher. L'état est très important, car les collectionneurs raffinés recherchent des lots proches de la perfection et dans des boîtes bien conservées. Il est difficile de deviner le prix qu'atteindra le haut de gamme du marché. À l'occasion, une figurine ou un lot peut défrayer la chronique, mais une année plus tard les mêmes exemplaires vaudront beaucoup moins. C'est souvent la cas quand plusieurs lots sont apparus sur le marché à cause de la publicité, et qu'il est devenu évident que le jouet n'était donc pas très rare.

Le collectionneur débutant doit consulter des guides, des catalogues de salles de ventes, et des revues spécialisées ; la prolifération de figurines adaptées ou repeintes peut entraîner l'amateur non initié dans des erreurs coûteuses. Certaines salles des ventes organisent des ventes de petits soldats, et les catalogues indiquent une estimation des prix attendus, ce qui permet d'éviter les pièges les plus courants.

Page de gauche : *deux des principaux fabricants de soldats en composition, Elastolin et Lineol, inclurent dans leurs gammes des figurines nazies. Les occupants de la voiture sont d'Elastolin, et les porte-drapeaux de Lineol. La voiture était faite par Tipp & Co.*

Ci-dessus : *régiment royal de Lancaster, par Britain, avec un officier en selle, un joueur de clairon et un canon.*

Ci-contre : *fabriqué en 1899, cet ensemble de l'infanterie des Boers permettait aux enfants de refaire les batailles de cette guerre. La boîte d'origine valorise la série.*

***CI-DESSUS :** modèle très rare de canon autopropulsé, fabriqué par S.R., en France, en 1910. Un des plus anciens jouets en tôle, il est considérablement détaillé pour ses 5 cm de long.*

***CI-DESSUS :** aussi rare et du même fabricant, ce modèle d'aéroplane. Ces jouets ne sont pas basés sur des prototypes spécifiques, et, en vérité, un tel avion ne pourrait pas voler !*

sa gamme Corgi. Les modèles étaient plus modernes que ceux de Dinky et plus réalistes par l'introduction de caractéristiques telles que les pneus à bandes de roulement, les enjoliveurs en aluminium et les fenêtres en plastique, que l'on ne voyait pas auparavant sur certains modèles en tôle, mais assez courantes sur les jouets en fer-blanc, comme les séries *Minic* de Tri-ang. Les jouets étaient bien fabriqués, et furent un choc sévère pour la suprématie de Hornby. Malgré de nombreuses vicissitudes, le nom de Corgi continue et, si cette société vise particulièrement le marché du jouet, elle produit une gamme spéciale pour les collectionneurs.

Tri-ang, firme dont le catalogue comprenait presque toutes les sortes de jouets, ne pouvait ignorer les moulages par matrice. Il entra en lice en 1959, avec son propre label "Spot-on". L'aventure fut de courte durée, puisqu'abandonnée en 1968, quand Hornby, le fabricant de Dinky Toys, en fit l'acquisition. Les jouets "Spot-on" ont eu peu d'impact sur le marché, car les modèles étaient généralement moins détaillés que leurs rivaux et

***CI-DESSOUS :** trois ensembles dans leurs boîtes, de Dinky toys, d'après la guerre, selon des prototypes de la Seconde Guerre mondiale, et un grand modèle d'obusier, de Britain, qui éjecte l'obus après la mise à feu du projectile.*

***PAGE DE DROITE :** jouets Dinky d'après la guerre. Les véhicules militaires sont maintenant un domaine de collection à eux seuls ; tous les avions sont de grand intérêt, comme le bombardier Heinkel en bas à gauche.*

G-A
GVD
CF-CZA
Canadian Pacific

manquaient des caractéristiques qui étaient devenues courantes, telles que les portes et les capots ouvrants, qui ajoutaient une touche de réalisme, mais affaiblissaient la structure.

Dans les années 1960, le marché britannique fut attaqué par une gamme américaine d'autos à petite échelle, les *Hot-Wheels*. Montées avec un système à friction et des essieux très fins, elles pouvaient aller plus vite et plus loin que les autres, et tous les autres fabricants furent forcés de suivre la tendance, avec des noms tels que *Superfast*, *Speedwheels* et *Whizzwheels*. À ce stade, les intérieurs de véhicules étaient devenus presque aussi importants que les extérieurs, avec quelques agencements comme des sièges en plastique moulé sous vide et des blocs moteurs en métal.

Les fabricants européens firent peu d'efforts pour pénétrer le marché étranger, même si Märklin produisit quelques jouets en tôle et fut, en fait, le premier à utiliser un châssis en fer-blanc, sur lequel on gravait le nom du modèle. Les autres fabricants dans le monde suivirent presque immédiatement. Dans son usine française, Hornby produisit une série basée sur des prototypes français, appelés *Solido*, qui fut sa carte majeure sur ce marché.

Le collectionneur de jouets en tôle a un large choix de thèmes, car la plupart des fabricants essayaient de couvrir tous les types de transport concevables. Certains se spécialisent dans les modèles militaires, qui furent parmi les premiers à être fabriqués ; d'autres se concentrent sur les fabricants individuels, ou les modèles d'un prototype particulier, tel que la Jaguar. Il y a aussi des modèles réduits associés aux films, tels que la série des James Bond, ou à la télévision. Des ensembles à grande échelle de camions et de camionnettes sont aussi recherchés, et quelques beaux exemplaires, tels que le *Chipperfield Circus* de Corgi, avec une Land Rover, une grue, des remorques et des girafes, sont des jouets intéressants et plaisants qui atteignent des prix substantiels. En plus des

Page de gauche : *Dinky avait sa propre unité française de production, où ces modèles étaient fabriqués. Cependant, seuls le bus Panhard, la voiture Citroën et la motocyclette de livraison sont des reproductions de prototypes français.*

transports par route, on trouve les avions, les véhicules spatiaux, et les bateaux, qui ont tous beaucoup d'amateurs.

Comme toujours, l'état est primordial, et dans les ventes, les prix les plus élevés vont aux exemplaires que l'on peut appeler "en état d'origine et dans sa boîte", quoique certains articles usés puissent être intéressants s'ils sont originaux. Les principaux ennemis des jouets en tôle sont le soleil, qui décolore la peinture et les logos, et l'humidité excessive qui peut accélérer le processus d'usure du métal. Certains collectionneurs essaient de remédier à cela en scellant tous les joints et ouvertures avec de la colle, mais cette méthode est douteuse, car la dégradation, une fois commencée, est irréversible. On trouve maintenant beaucoup de pièces de rechange, surtout des pneus, pour la plupart des modèles. Ces jouets ont attiré un public considérable, et il y a beaucoup de manifestations ou de brocantes spécialisées. Faciles à exposer et par nature moins fragiles que les modèles en fer-blanc, ils sont aussi beaucoup moins chers, et on peut ainsi les collectionner sans grande difficulté.

Ci-dessous : *le massif canon autopropulsé et la voiture de l'état-major sont de William Britain, tandis que la camionnette* Dinky Weetabix *est un exemplaire d'un jouet de grande valeur en raison de la rareté de ses transferts.*

PRINCIPAUX PRODUCTEURS

DE JOUETS EN MÉTAL ET D'AUTOMATES

BASSETT-LOWKE – NORTHAMPTON, ANGLETERRE
La société fut fondée par Wenman J. Bassett-Lowke en 1898, quoiqu'il eût déjà fabriqué des locomotives à vapeur dans la firme de son père, J.T. Lowke & Son. Le premier magasin de détail fut ouvert en 1908, et Bassett-Lowke fut inscrite au registre du commerce deux ans plus tard, en 1910. Märklin, Bing et Carette fournissaient la firme. Après la mort de W.J. Bassett-Lowke en 1953, la société continua à fabriquer des trains jusqu'à la fin des années 1960.

BING GEBRÜDER – NUREMBERG, ALLEMAGNE
Fondée en 1863 par Ignaz et Adolf Bing, la firme fabriquait des jouets en fer-blanc de bonne qualité. La marque "G.B.N." fut utilisée jusqu'en 1919, puis remplacée par "B.W." (Bing Werke). La société a fermé en 1934.

BONTEMS – PARIS
Fondée par Blaise Bontems en 1840, elle fut reprise par ses fils Charles et Alfred et par son petit-fils Lucien. Spécialisée dans la fabrication d'automates, la société était surtout connue pour ses oiseaux chantants et ses tableaux.

BRIMTOY – LONDRES
La firme faisait des jouets en fer-blanc depuis 1914, utilisant la colonne Nelson comme marque de fabrique. Elle fusionna avec Wells en 1932 pour former Wells Brimtoy.

BRITAINS – LONDRES
Fondée par William Britain à la fin des années 1840. William Britain Jr produisit les premiers soldats moulés en creux, commercialisés en 1893. Britains Ltd. fut créée en 1907. En 1965 elle ne fabriquait que de soldats en plastique mais en refit en métal en 1985.

BROWN, GEORGE W.
FORESTVILLE – CONNECTICUT, ÉTATS-UNIS
George W Brown monta une affaire d'horlogerie en 1856, et fut le premier fabricant de jouets connu aux États-Unis pour utiliser des mouvements mécaniques. En 1869, la firme fusionna avec J. & E. Stephens pour former Stephens and Brown Manufactoring Co. et fabriquer des jouets en tôle et des tirelires.

BUB, KARL – NUREMBERG, ALLEMAGNE
Fondée en 1851, la firme fabriquait des jouets en fer-blanc et des trains. En 1933, elle reprit certains articles de Bing Gebrüder à Nuremberg, et après la Seconde Guerre mondiale, travailla avec Tipp & Co., avant de fermer en 1967.

CARETTE – NUREMBERG, ALLEMAGNE
Georges Carette commença à produire des jouets en fer-blanc en 1886. Il fournissait en grande partie Bing, et Bassett-Lowke. Sa production fut à son apogée entre 1905 et 1914. Carette revint en France, son pays natal au début des hostilités en 1914, mais la production de la société cessa en 1917.

CHAD VALLEY – BIRMINGHAM, ANGLETERRE
Fondée par Anthony Bunn Johnson avant 1820, la société utilisa le nom Chad Valley comme marque de fabrique à partir de 1897. La firme produisit des jouets en fer-blanc de cette date jusqu'au milieu des années 1950.

CITROËN – FRANCE
Fondée par André Citroën de même que "Les Jouets Citroën" en 1923, pour servir de publicité promotionnelle à leurs vraies automobiles. Après 1936, leurs petites voitures furent produites par "C.I.J."(Compagnie industrielle du jouet).

COX, JAMES – LONDRES
Horloger, bijoutier et metteur en scène, James Cox fabriquait aussi des automates ; il est surtout connu pour son "Cygne d'argent" (Bowes Museum, Co Durham, Angleterre).

CRESCENT TOY CO. – LONDRES
Fondée en 1922, la firme produisait des figurines moulées en creux.

DECAMPS – PARIS
Établie en 1847. H.E. Decamps était le gendre de Jean Roullet, avec qui il produisait des automates. Les initiales "R. D." (Roullet et Decamps) servaient de marque. Gaston Decamps (1882-1972) continua la tradition familiale et produisit certains des produits les plus connus de la firme.

DISTLER – NUREMBERG, ALLEMAGNE
La firme commença à produire des jouets en fer-blanc en 1900, utilisant comme marque un chardon et les initiales "J.D". Reprise par Trix, la société cessa sa production en 1962.

EDISON, THOMAS – NEW JERSEY, ÉTATS-UNIS
Thomas Edison (1847-1931) breveta la première poupée phonographe en 1878. La version commercialisée avait une tête en biscuit. Elle fut fabriquée à partir de 1889.

ELASTOLIN – NEUSTADT, ALLEMAGNE
La firme fut fondée en 1904 (Elastolin était le nom commercial), et se spécialisa dans les figures en composition, marquées Elastolin sur la base. Elle cessa sa production dans les années 1980.

HAUSSER, O & M – LUDWIGSBERG, STUTTGART, ALLEMAGNE
Fondateurs d'Elastolin, ils faisaient auparavant du commerce sous le nom de Muller et Freyer.

HEINRICHSEN, ERNST – NUREMBERG, ALLEMAGNE
Fondée en 1830, la firme se spécialisa dans les soldats en métal. La firme fut reprise par le fils d'Ernst, Wilhelm, en 1869, et la production cessa en 1945.

HESS, MATH – NUREMBERG, ALLEMAGNE
Fondée en 1826, Hess était une des firmes qui fabriquait des trains en acier pressé. Johann L. Hess hérita de la société en 1866. Elle cessa sa production en 1934.

HEYDE, GEORG – DRESDE, ALLEMAGNE
Produisant depuis 1870, la firme fabriquait des soldats de type solide et semi-solide, et des soldats moulés en creux. Les couvercles de leurs boîtes portaient le détail des médailles obtenues. La production cessa durant la Seconde Guerre mondiale.

HILPERT – COBURG ET NUREMBERG, ALLEMAGNE
La production va de 1720 à 1822. Des générations successives de la famille Hilpert fabriquèrent les figurines "plates", qui portaient à la base "H", "Hilpert", ou "J.-C. Hilpert". On pense que la société a été une des premières à réaliser des armées avec un grand nombre de figurines.

HORNBY, FRANK – LIVERPOOL, ANGLETERRE
Les trains Hornby firent leur première apparition en 1920 ; les trains électriques apparurent en 1925, et les trains à écartement (connus comme Hornby Dublo) en 1938. La firme commença à commercialiser la marque Dinky Toys en 1933.

IVES, EDWARD RILEY – CONNECTICUT, ÉTATS-UNIS
Fondée en 1868, la firme s'installa à Bridgeport en 1870, et fut connue sous le nom d'Ives & Blakeslee en 1872. Fabriquant des trains de bonne qualité, des jouets en métal, des automates et des jouets marcheurs, la société fut reprise par Lionel à la fin des années 1920.

JAQUET-DROZ, PIERRE – SUISSE
Jaquet-Droz (1721-1790) fabriquait des horloges et des automates avec son fils, Henri Louis et J.-F. Leschot. Son nom apparaît quelquefois gravé sur ses mouvements musicaux.

LAMBERT, LÉOPOLD – PARIS
Lambert travaillait à l'origine pour Vichy, et on peut souvent identifier ses automates grâce à la marque "L.B." qui se trouve sur la clé.

LEHMANN – BRANDENBURG, ALLEMAGNE
Fondée en 1881, la firme fabriquait à l'origine des bidons et des containers, avant de s'orienter vers les jouets fantaisie en fer-blanc. Ils sont toujours clairement marqués. Johann Richter rejoignit la firme en 1911. La société fut mise sous séquestre par les Russes en 1949, mais s'établit à nouveau à Nuremberg en 1951, et fonctionne toujours aujourd'hui.

LESCHOT, JEAN-FRÉDÉRIC – SUISSE
Leschot (1746-1827) travaillait sur les automates avec Pierre Jaquet-Droz.

LINEOL – BRANDENBURG, ALLEMAGNE
La firme fabriqua des jouets en fer-blanc entre 1934 et 1945, date à laquelle elle ferma.

LIONEL – NEW YORK, ÉTATS-UNIS
La firme fut fondée par Joshua Lionel Cowen (1881-1965), et se spécialisa dans les trains. En 1901, elle commença à faire du commerce sous le nom de Lionel Manufacturing Company, et fit partie du groupe qui racheta Ives. La société sur le déclin après 1937, fut reprise par le groupe Gilbert Cohn.

LUCOTTE – PARIS
Fondée en 1795, on connaît peu les origines de cette firme. Produisant de solides soldats et figurines, elle fut reprise par Mignot.

LUTZ, LUDWIG – ELWANGEN, ALLEMAGNE
Fonctionnant entre 1846 et 1891, la firme faisait des jouets en fer-blanc, et fut connue sous le nom de Englert & Lutz après 1857. Bing aussi distribuait les produits Lutz. La société finit par être vendue à Märklin.

MÄRKLIN – WURTEMBERG, ALLEMAGNE
Fondée en 1859, la firme fonctionna sous le nom de W. Märklin jusqu'en 1888, puis sous celui de Gebrüder Märklin. Le nom changea en 1892 et devint Gebrüder Märklin & Co., puis en 1907, la société s'appela Gebrüder Märklin & Cie. En 1922, on ajouta encore "GmbH". Fabriquant des jouets en fer-blanc de belle qualité, la firme existe toujours.

MARTIN, FERNAND – PARIS
L'usine de Paris fonctionnait en 1880, se spécialisant dans les jouets en fer-blanc, toujours habillés de tissu et marqués "F. M" La firme continua dans les années 1920 sous le nom de Victor Bonnet et Cie.

MARX, LOUIS – ÉTATS-UNIS
Né en 1894, Marx reprit en 1920 la firme Strauss, dans laquelle il avait travaillé comme garçon de bureau. Sa société se spécialisa dans les jouets fantaisie, et devint le plus grand fabricant au monde au milieu des années 1920. Des jouets en plastique furent fabriqués après 1950.

METTOY – NORTHAMPTON, ANGLETERRE
Fondée en 1933 par Henry Ullman, le précédent propriétaire de Tipp & Co., la société produisait des jouets en fer-blanc dans les années 1930 et 1940, et commercialisa les jouets Corgi dans les années 1960.

MIGNOT – PARIS
Fondée en 1825, la firme produisit des soldats à partir de 1838, quand elle commença à utiliser comme marque les initiales "C.B.G" (initiales des trois fondateurs : Cuperly, Blondel et Gerbeau). La firme connut plusieurs fusions, et reprit Lucotte, après quoi on trouva sur certains travaux sa marque "L.C." avec l'abeille impériale. La société existe toujours.

MOKO – FÜRTH, ALLEMAGNE
Nom commercial de Moses Kohnstam, fabricant de jouets en fer-blanc, établi en 1875.

PHALIBOIS J. – PARIS
Fabricant d'automates de la moitié à la fin du XIXe siècle, Phalibois est surtout connu pour ses singes ; son travail est occasionnellement marqué "J.P."

PLANCK, ERNST – NUREMBERG, ALLEMAGNE
Société fondée en 1866, fabriquant à l'origine des instruments, elle commença à faire des trains électriques en 1882, ainsi que des jouets à vapeur. La production cessa dans les années 1930.

RADIGUET M. – PARIS
Produisant des locomotives à vapeur depuis 1872, on pense que la firme a fabriqué ses premiers trains à vapeur dans les années 1880. Elle s'associa à Massiot en 1889.

ROCK & GRANER – BIBERACH, ALLEMAGNE
Fondée en 1813, la firme était probablement en 1851 le plus grand fabricant de jouets en fer-blanc, quoiqu'on puisse constater un léger déclin après 1860. Fabriquant des scènes, des meubles et des voitures pour poupées, la firme fut connue sous le nom de Rock & Graner Nachfolger (R. & G.N.) de 1896 à 1904, date à laquelle la société fut dissoute.

ROSSIGNOL – PARIS
Fondée en 1868, la firme fabriquait des jouets en fer-blanc, souvent marqués "C. R.", et on pense qu'elle a fait les premières petites voitures. La firme continua jusqu'en 1962.

SCHOENNER, JEAN – NUREMBERG, ALLEMAGNE
Fondée en 1875, la société est mieux connue pour ses trains et bateaux à vapeur, de grande taille. La production cessa en 1904.

SCHUCO – NUREMBERG, ALLEMAGNE
Fondée en 1912 par Schreyer & Muller, cette société fabriquait un vaste assortiment de jouets fantaisie. Elle produisit même des jouets en métal recouverts de peluche, présentés en 1920. La firme est toujours en exercice.

STEVENS MODEL DOCKYARD – LONDRES
Fondée en 1843, la firme fabriqua des locomotives en cuivre jusqu'en 1912.

STOCK – SOLIGEN, ALLEMAGNE
Fondée en 1905 par Walter Stock, la société fabriqua des jouets en fer-blanc jusqu'à ce qu'elle cesse sa production dans les années 1930.

SUTCLIFFE – LEEDS, ANGLETERRE
Fondée par J.W. Sutcliffe en 1885, la firme fabriquait des jouets en fer-blanc, se spécialisant dans les bateaux de toutes sortes. La production cessa en 1984.

THÉROUDE, ALEXANDRE NICHOLAS – PARIS
La société Théroude fabriquait des automates et des jouets depuis 1859. Ils sont reconnaissable par sa marque "A.N. Théroude, Paris".

TIPP & CO. – NUREMBERG, ALLEMAGNE
Fondée en 1912, la firme se spécialisa dans les jouets en fer-blanc et les jouets militaires.

TRI-ANG – ANGLETERRE
Fondée en 1919 par William, Arthur et Walter Lines pour devenir la succursale de l'affaire de la famille Lines. Le premier catalogue apparut en 1921, et montrait leur grande variété de jouets en bois et en métal. La marque existe toujours.

TOOTSIETOY – CHICAGO, ÉTATS-UNIS
Cette société se spécialisa dans les jouets en métal, spécialement les meubles pour maisons de poupée, fabriqués par Dowst Manufacturing Co. Elle fut également l'un des premiers fabricants de jouets en tôle, en 1910.

UEBERLACKER – NUREMBERG, ALLEMAGNE
Fondée par Leonard Ueberlacker en 1871, la firme se spécialisa dans les jouets en fer-blanc pour l'air et pour l'eau.

VAUCANSON, JACQUES DE – GRENOBLE
Vaucanson (1709-1782) était le fabricant de spectaculaires automates, qu'il montrait dans les foires. Il vendit finalement l'intégralité de son œuvre en 1743.

WELLS – LONDRES
Fondée par A.W. Wells et immatriculée en 1923, la société était un gros producteur de fer-blanc lithographié jusqu'à la fin des années 1950. La firme reprit Brimtoy en 1932.